NEWBURY COLLEGE LIBRARY

TEXTES FRANÇ............................ᴅERNES

General Editor : .... ès L.

LᴇS Sᴇ.................... A

Jean-Paul Sartre

LES SÉQUESTRÉS
D'ALTONA

Edited with an Introduction by

PHILIP THODY, M.A.

Professor of French, University of Leeds

HODDER AND STOUGHTON
LONDON SYDNEY AUCKLAND TORONTO

This edition first published 1965
Text © Librairie Gallimard 1960
Introduction and notes copyright © 1965 P. Thody
Second impression 1976

Printed in Great Britain for Hodder and Stoughton Educational,
a division of Hodder and Stoughton Ltd, London, by
Hazell Watson & Viney Ltd, Aylesbury, Bucks

FOREWORD

THIS volume is one of a series of French texts, comprehensive in scope and catholic in taste, with subject matter ranging from the seventeenth to the twentieth century. The series is designed to meet the needs of pupils in the sixth forms of secondary schools and also of university students reading for General or Honours degrees in French.

Editors have been invited to determine, in the light of their specialized knowledge, the right method of approach to their specific texts, and their diversity of treatment provides in itself a valuable introduction to critical method. In each case the editors have given their readers an accurate text, together with a synthesis of recent research and criticism in their chosen field of study, and a stimulating expression of personal opinion based upon their own examination of the work concerned. The introductions, therefore, are not only filled with information but are highly individual and have a vitality that should arouse the enthusiasm of the student and quicken his interest in the text.

If it be true, as Sainte-Beuve has stated, that the first duty of the critic is to learn how to read, and the second to teach others how to read, these texts should fulfil their proper function; and it is to be hoped that through their novel approach to the critical study of literature, coupled with the accurate presentation of the necessary background information, a fuller understanding of some of the great works of French literature will be achieved.

Notes have been reduced to the minimum needed for the elucidation of the text; wherever necessary, chronologies of the life and works of the authors examined are included for purposes of reference; and short bibliographies are appended as a guide to further study.

R. NIKLAUS

CONTENTS

Foreword   5

Introduction

  1   Sartre and Existentialism   9

  2   The Plot and Characters of *Les Séquestrés d'Altona*   14

  3   The Play's Relevance to the Algerian Problem   19

  4   The Play's Relevance to the Problem of Communism   21

  5   The Play's Relationship to Sartre's later Philosophy   23

  6   *Les Séquestrés d'Altona* as Tragedy   30

  7   The Realism of *Les Séquestrés d'Altona*   32

  8   The Dramatic Qualities of *Les Séquestrés d'Altona*   34

LES SÉQUESTRÉS D'ALTONA

  Act I   39

  Act II   87

  Act III   123

  Act IV   141

  Act V   177

Notes   195

Appendixes

  1   *A Note on the Time Sequence of 'Les Séquestrés d'Altona'*   216

  2   *A Note on the Biblical Atmosphere of 'Les Séquestrés d'Altona'*   216

  3   *Some French Opinions of 'Les Séquestrés d'Altona'*   218

  4   *Bibliography*   219

INTRODUCTION

1. *Sartre and Existentialism*

JEAN-PAUL SARTRE, son of a naval officer, Jean-Baptiste Sartre, and of Anne-Marie Schweitzer, cousin to the famous Albert Schweitzer, was born on June 21st, 1905. His father died before Sartre was a year old, and his mother went back to live with her parents, first at Meudon, where her father taught German in the *lycée*, and later in Paris, where he founded a school for teaching French by the direct method. Sartre's was an extremely lonely childhood, for he had no brothers, sisters, or friends of his own age, and he did not go regularly to school until he was ten and a quarter. He compensated for this loneliness, however, by teaching himself to read, and by writing his own 'novels'. He was educated at the Lycée Henri IV in Paris, and, after his mother's re-marriage in 1916, at the *lycée* at La Rochelle, and in 1924 he entered the École Normale Supérieure, the most intensely intellectual of all French educational institutions.

In 1929, he graduated from the École Normale Supérieure by coming first in the *agrégation de philosophie*, the competitive examination whereby philosophy teachers are selected for French *lycées*. After his military service he was appointed philosophy teacher at the Lycée at Le Havre, where he taught for the next three years. In 1933 he went to spend the academic year at the Maison Française in Berlin, where he first became interested in the Existentialist philosophy of Martin Heidegger and Karl Jaspers. In 1934 he returned to France and continued to teach in the provinces, at Le Havre and later at Laon, until he was appointed at the Lycée Pasteur in Paris in 1939.

He served as a private in the French Army during the 'phony war' of 1939–40, and was taken prisoner by the Germans at the defeat of France in June 1940. He remained a prisoner of war until April 1st 1941, when he succeeded in being repatriated, as his friend and biographer Francis Jeanson put it 'en se faisant passer pour civil'.[1] He then took up a new teaching post at the Lycée Condorcet in Paris, and worked for the French resistance movement until the Liberation in 1944. At the end of the war he gave up his teaching post to devote

* For Notes to the Introduction, see pp. 195-8

himself entirely to literature and political activity. Since 1945, he has edited his own monthly review, *Les Temps Modernes*, and has published novels, plays, literary criticism, newspaper articles and filmscripts as well as formal philosophical works. All of these have been concerned with the philosophy which he has done so much to make popular, influential and controversial: Existentialism.

In an essay published in 1946, when he was at the height of his immediate post-war fame, Sartre gave a brief definition of his own version of Existentialism. It was, he said, 'nothing but an attempt to draw all the consequences from a coherent atheism',[2] and his main ideas do certainly conflict at almost every point with a religious view of life. While, for the Christian, the world was created by God and is governed by His providence, Sartre holds that neither the world nor man was created by any person or any thing; they simply came into being quite fortuitously, and continue to exist for no reason and no pre-established purpose. There is no such thing as plan or providence either in the physical world or in human history, and there are no moral laws or commandments which are universally valid because God has revealed them to man. When man comes to see himself and the world as they really are, he realises that he has been cast into a strange and inexplicable universe which he is free to try to organise exactly as he pleases. Since there is no God, and no absolute standards of right and wrong, there are no 'values written up in the clear heavens', to guide man in his quest for certainty.

In Sartre's view, atheists or agnostics in the past have not been wholly consistent in their attitude towards the world and towards man's position in it. Although they have rejected the idea of God both as creator of the world and as final guarantor of our moral values, they have failed to appreciate the force of Dostoievsky's remark that 'if God does not exist, everything is permitted'. He argues that it is possible neither to construct a lay, rationalistic morality which will somehow guarantee our present standards of right and wrong, nor to suppose the existence of some 'evolutionary force' which will explain why the universe should have come into being. Once we recognise that there is no God, maintains Sartre, we must be logical in drawing all the necessary conclusions from this: man is alone, in a world created for no purpose, wholly free to decide on the meaning of his own life.

It is this last point that provides a basis for a more positive develop-ment of a set of ideas which, in certain contexts, can lead to nihilism and despair. If man, like the rest of creation, came into being quite fortuitously, he nevertheless differs from both created and manufactured things by being free. The cabbage plant has no choice but to become a cabbage, and the acorn must either die or become an oak tree. For man, however, there is no pre-existent model to which he must inevitably conform and he is free to become, by his own decision, a hero or a coward, a conservative or a revolutionary, a poet or a businessman, a saint or a criminal, an anarchist or a respectable family man. And, unlike the Christian, he is not called upon to model himself according to a divinely revealed ideal pattern. His freedom extends to the ability to create his own values, and to attain authenticity by assuming his responsibility for their creation. Such ideas are implicit even in Sartre's most apparently pessimistic works—in *Huis Clos*, for example, where there is the underlying suggestion that Garcin, the coward, might have achieved authenticity if he had had the courage either to be what he pretended to be or to abandon his pretence—and are openly expressed in three of his major works: the essay on the Jewish question, *Réflexions sur la Question juive*; his essay on political commitment in literature, *Qu'est-ce que la littérature?*; and his play about the incompatibility between religious belief and revolutionary politics, *Le Diable et le Bon Dieu*.[3]

It is in the essay on the Jewish question that Sartre most clearly develops the relationship between the ideas of freedom and authenticity. The Jew, he argues, is placed by the hostility of the anti-semite in a position where he must choose what kind of person he wants to be. His freedom to choose is, of course, limited in so far as he cannot suddenly cease to be the person he is, any more than a prisoner can simply walk out of his prison or a cripple become an Olympic athlete, and it is a complete mistake to maintain that Sartre's view of freedom involves a denial of the physical limitations placed upon human activity. What the Jew is free to do, however, is to react to this situation in any way that he likes: he can pretend that he is not a Jew, can change his name, mix with Gentiles, make anti-semitic jokes, go to a plastic surgeon, and thereby strive to be integrated into the community which tries to reject him; or, alternatively, he can argue that the concept of humanity as divided into Jews, Arians and Gentiles is completely nonsensical, insist that all men are brothers, and create his own rival community where not only racial discrimination but also racial distinctions are abolished; or—and this is the solution which Sartre prefers—he can say: 'All right then, I *am* a Jew, and I'm proud of it'. He thus freely assumes responsibility for what he is and throws down his difference as a challenge to anyone who wants to try to persecute him. It is in this way that he can attain authenticity, freely choosing to be what he is instead of trying to run away from it, and implicitly affirming that all men have the right to do the same.

It is in the universality of the notions of freedom and authenticity that the humanism of Sartre's early Existentialism is to be found. As he argues in *Qu'est-ce que la littérature?*, a man who has recognised that he himself is free cannot without self-contradiction try to deprive another man of his liberty; a writer who has understood that he can be read and appreciated only if men and women are free to buy his books and react to them as they please, is bound by the demands of his own calling to support the aspiration towards freedom wherever it may occur; and, Sartre maintains, the cause of freedom is to-day inextricably linked with that of the liberation of the working class. This is a belief which has inspired him in almost everything which he has written since 1945 and which separates him from more purely 'philosophical' Existentialists like Karl Jaspers and Martin Heidegger just as completely as his atheism cuts him off from 'Christian Existentialists' like Sören Kierkegaard and Gabriel Marcel. For while all thinkers who are called 'Existentialists' resemble one another in their concern for the immediate problems of human life and their distrust of ready-made, abstract systems, they differ on almost everything else. Sören Kierkegaard was a nineteenth-century Danish Protestant who devoted his life to reminding his contemporaries of the paradox that suffering and irrationality are inseparable from true Christianity; Gabriel Marcel is a French Catholic, a playwright and theatre critic as well as a philosopher, who sees a deep religious faith as a natural counterpart to our sense of the profound mystery of the human personality. Martin Heidegger, like Karl Jaspers, shares Sartre's view of man and the universe as fundamentally absurd, but differed from both Sartre and Jaspers in the nineteen-thirties by supporting the Nazi party, and is now almost completely taken up by what he himself calls 'the quest for Being itself'. It is a peculiarity of French Existentialism that it has become, under the influence of Sartre and of his close friend Simone de Beauvoir, concerned far more with man's immediate political hopes and fears and less with spiritual or metaphysical problems.

In 1951, Sartre wrote the third of the works in which the political implications of his insistence upon the importance of freedom are developed. The theme of *Le Diable et le Bon Dieu*, which he himself described as 'the putting into practice of Existentialist morality',[4] is that the only real way of developing the consequences of atheism is through organised social revolt. Sartre gave a clear indication of the kind of revolt which he preferred when, in the following year, he wrote the first of a series of articles declaring his support for the policy of the French Communist Party. He also, in 1952, attended the Communist inspired Vienna Peace Conference and in 1954 wrote a series of very enthusiastic articles describing his experiences in the Soviet Union. In 1955 he visited China and in 1959 Cuba, returning on each occasion full of enthusiasm for the social revolution achieved in these two countries. He did, it is true, violently denounce the Russian repression of the Hungarian revolt in 1956, but was sufficiently reconciled with the Communist Party to take part in the World Disarmament Conference held in Moscow in 1962. In addition to his criticism of the policy of *Algérie Française*, he has also adopted a consistently left-wing attitude towards internal issues in French politics, violently opposing the return of General de Gaulle to power in 1958, and arguing in 1962 that the Left ought to be prepared to answer violence from the Right with equal violence of its own.[5] His latest major philosophical work, *La Critique de la raison dialectique*, is again largely political in inspiration, and is aimed at effecting a reconciliation between Marxism and Existentialism that will enable both philosophies to carry out their tasks of revolution and liberation more effectively.

With the exception of *Les Séquestrés d'Altona*, this greater preoccupation with politics has not led Sartre to publish any important literary work, and his importance as a literary figure has consequently tended to decline. There is, however, no reason why the identification of Existentialism with a particular political attitude should preclude further literary creation. Sartre's initial success as a writer was to a large extent the result of his ability to show how his philosophical ideas worked out in practice in human life. It is a peculiarity of our own age that no-one can either remain completely untouched by politics or avoid the moral problems intensified by the decline of religious belief. It is for people who have a concern for the moral implications of political decisions that Sartre is now writing.

2. The Plot and Characters of 'Les Séquestrés d'Altona'

Jean-Paul Sartre's ninth play, Les Séquestrés d'Altona, was first produced at the Théâtre de la Renaissance in Paris on September 23rd 1959. In spite of its length—in its original, uncut version it lasted almost five hours—it proved extremely successful, and ran until June 4th 1960. It has also been produced in England, Germany, Austria, Switzerland and Poland, and has been made into a film.[6] The text of the play, published in book form in 1960, became a best-seller in France, and has also appeared in translation in a Penguin paperback edition in England. It owes this success to two main qualities: its relevance to the political problems of our time, and the closeness of the link between the ideas it expresses and the personal lives of the characters it depicts.

It is in this respect that it deserves to be called 'Existentialist' in the best sense of the word: it is about the way people live out philosophical problems in their own personal lives. It can, from this point of view, be studied from four main aspects. First of all, it is about a man who cannot face up to reality, and is thereby linked to the idea of mauvaise foi or deliberate self-deception; secondly, it is about the way human relationships are dominated by conflict, and thereby resembles, in both plot and atmosphere, one of Sartre's earliest and most successful plays, Huis Clos; thirdly, it is a work of littérature engagée in which the actions of a German officer in 1944 and 1959 are used allegorically to express Sartre's views on the Algerian war; and, finally, it is a play about the nature of political action, and the surprises which history holds in store for us. In this, perhaps its most interesting theme, it has analogies both with Sartre's treatment of the idea that the end justifies the means in another of his plays, Les Mains Sales, and with the views that he has expressed on Communism in his most recent political and philosophical essays.

The play tells how an ex-officer of the German Army, Frantz von Gerlach, is, in 1959, still trying to maintain two separate but complementary illusions: that the order which he gave, near Smolensk in 1944, to have a number of Russian partisans tortured was justified; and that he never, in fact, gave the order at all. His father, sister, and sister-in-law are all, in their own way, trying to help him to solve his problems, but each is, in fact, acting in accordance with his or her own personal interests. The parallel between the history of three countries

—Germany, France, and Soviet Russia—is to be found in the political and moral problem which is at the very heart of the play: what justification, if any, can ever be found for a course of political action which involves the use of torture?

The construction of the play clearly reflects the influence of the cinema, and much of the story is told by means of the familiar device of the flashback. For example, in Act I, we are given what might be called the 'official' reason why Frantz has lived shut away in one room, seeing no-one but his sister Leni, since 1946: it is that, while his father's house was occupied by the Americans after the end of the war, he violently attacked an American officer who was trying to rape his sister. He was offered the opportunity to escape to Argentina, where, as far as the rest of the world is concerned, he died in 1956. In fact, as we discover, this reason was not really a very important one in determining Frantz's actions, whose real motives gradually become apparent as the main plot of the play is unfolded. A series of flashbacks to an earlier period—1941—shows how Frantz was led, after an unsuccessful attempt to save the life of a Polish rabbi who had escaped from the concentration camp built on his father's land, to join the army and despairingly seek death in battle on the Russian front. Similar flashbacks occur during the rest of the play, so that what we are finally given is the whole past history of Frantz both as it really was and as he, in his attempt to deny the reality of both past and present, would like it to have been.

The first act takes place in the vast living-room of the von Gerlach family mansion at Altona, near Hamburg, and is both literally and figuratively dominated by the unseen Frantz: not only does all the conversation centre round him, but three walls of the room are taken up by enormous photographs of him in officer's uniform, each with a large black band across the corner to indicate that he is dead. Yet although the play is very much taken up with Frantz's problems, he is never treated as an isolated individual. He is a member of a family, and the focal point of a number of different, mutually exclusive and hostile ambitions.

What sets the action of the play into motion is the father's insistence that, after his own approaching death from cancer of the throat, his younger son Werner shall remain, with his wife Johanna, in the family mansion to protect Frantz until his death. Werner, accustomed to sacrificing himself to his elder brother in a constantly vain attempt to win his father's love, is prepared to accept. His wife Johanna, however, rebels against this subordination of both their lives to the interests of someone whom she has never even met, and insists on being told how Frantz came to lock himself away in his room. Both her curiosity and her beauty—she is an ex-filmstar—give the father the idea that he might use her as a tool with which to achieve his last ambition: a final interview with the son whom he has not seen for thirteen years. His initial hope is that he will manage to persuade Frantz to come down from his room and take over the enormous von Gerlach ship-building empire. Johanna accepts, but for reasons which, as soon appears, lead her directly into conflict with her father-in-law's wishes.

This becomes visible in the second act, in which we finally see Frantz and are given a glimpse of the kind of world in which he is living. The only person that he sees is his sister Leni, with whom he is committing incest, and she encourages him in his deliberately pro-longed illusion that Germany is still the heap of rubble which he saw on his return from Russia in 1946. Still dressed in his now rather battered army uniform, still wearing copies of the medals which he won for bravery in action and which adorn each of the portraits in the living-room, Frantz spends his days and nights making 'speeches for the defence' addressed to the tribunal at which he imagines our own century will be judged by the future. The inscrutable nature of this tribunal—we can never hope to understand how men will think and feel in the centuries which come after our own—is expressed by the fact that Frantz assumes it to be made up of shell fish, the most 'in-human' of all living creatures, who also, it might be added, have in the past exercised a definite fascination over Sartre himself.[7] The main action of the play describes how Johanna, fascinated by this atmosphere of semi-madness, first of all agrees to act like Leni and encourage Frantz in his illusions, but is later forced, like Frantz himself, to admit both the truth about the Germany of 1959 and the reality of Frantz's own actions in 1944. In order to understand both Frantz's own mentality and his relationship with Johanna we must, however, briefly examine certain ideas about the nature of the human mind and of personal relationships which Sartre has expressed in his earlier work.

What characterises man, in Sartre's view, and sets him off from the rest of creation, is his awareness that he is free to act as he wishes and therefore responsible for what he does. However, as Mr. T. S. Eliot observed, 'Human kind cannot bear very much reality', and men are constantly having recourse to what Sartre calls 'mauvaise foi' in order to run away from this awareness of their freedom and responsibility. In the case of Frantz, as we gradually come to discover, this bad faith takes the two apparently contradictory forms already mentioned. By continuing to believe that Germany is still in ruins as a result of her defeat in 1945, he is justifying, in retrospect, the tortures which he had freely ordered to be inflicted on the Russian partisans in 1944. When defeat means absolute disaster, his illusion implies, then all means are justified to avert it.[8] At the same time, however, he also refuses to acknowledge to himself that he, in fact, ordered any tortures to be performed at all—an insistence which explains his reaction to the memory of Sergeant Heinrich Hermann in Act II, scene 3.[9] To see why both Leni and Johanna join with him in maintaining his illusions about Germany, we must look more closely at another of Sartre's ideas: that human relationships are based on bad faith, conflict, and the desire for possession.

Leni's attitude is brought out when, defying the tribunal of crabs to which Frantz is prepared to submit, she declares: 'Il me désire sans m'aimer, il crève de honte, il couche avec moi dans le noir. . . . Après? C'est moi qui gagne. J'ai voulu l'avoir et je l'ai' (II, 2). She loves Frantz, and if the price for possessing him completely is to flatter his illusions, she is fully prepared to pay it. Although, in a way, her love is the purest emotion in the whole play, it is one that can be satisfied only by a Frantz who remains entirely under her power. The love which Johanna comes to bear for Frantz is of a different kind, and is more closely associated with another of Sartre's most powerfully felt ideas: that human consciousness is so constituted that we can never be what we are in a wholly satisfactory fashion, and that man is therefore condemned to strive perpetually after an impossible coincidence of self with self. The athlete, for example, can never *be* an athlete in the same way as a stone is stone, because the very fact that he is conscious of being what he is always stands in the way. Between ourselves and what we are there is always a 'thin film of nothingness', the self-consciousness which prevents us from simply being ourselves. Johanna, a beautiful woman, is tortured by the impossibility of ever simply *being beautiful*, of being the perfect and wholly satisfying incarnation of beauty which she sees on the screen when one of her films is being shown (II, 8). The only way in which we can even temporarily seize hold of the quicksilver elusiveness of our own being, argues Sartre, is by persuading somebody else to think of us very intensely in a particular way. If somebody else's mind can, as it were, 'consecrate us' in our being, then we can temporarily escape from the torment of being perpetually separated from ourselves by our consciousness.[10]

It is these ideas which underly the scenes between Frantz and Johanna in Act II. In return for the 'consecration' of her beauty which Frantz, in the intensity of his feeling, can provide for Johanna, she for her part agrees not to destroy his illusions about what the world is like outside his shuttered windows. The only type of co-operation between two minds, Sartre suggests in one of his earlier plays, *Huis Clos*, is one of mutual bad faith in which two people agree to support each other's illusions. Unfortunately, however, this kind of co-operative co-existence can never last very long. A third person always appears, whose hostile and critical knowledge of the truth destroys this collaboration. This happens in *Huis Clos* when the Lesbian, Inès, destroys the agreement whereby Garcin, the coward, reassures Estelle, the child murderess, that she is a misunderstood angel, in return for her assurance that he is an unappreciated hero. The situation in *Les Séquestrés d'Altona* is, admittedly, somewhat different, in that the audience can easily see that Johanna is beautiful, and it is only our acceptance of Sartre's view of the human mind that enables us to appreciate her problem. It is, however, Frantz's bad faith which is the more important of the two, and it is Leni's refusal to allow Frantz to belong to anyone but herself that impels her to destroy Johanna's illusions about his innocence and prevent him from continuing his own deliberate self-deception.

In Act IV, Frantz tries to explain his seclusion to Johanna by the argument that, by not giving the order for the partisans to be tortured, he killed Germany 'through an excess of sensibility' and shut himself away so as not to see the consequences. Leni immediately tells Johanna the truth: Frantz did torture the partisans, and has been running away from the fact for the last thirteen years. Mutual bad faith, however much desired by both partners, cannot bear the cold water shock of absolute truth, and Johanna recoils from Frantz in horror. Leni then makes doubly sure of destroying her brother by showing him a copy of a newspaper describing the West German economic miracle, so that he is faced with the choice of either assuming full responsibility for brutal actions that have lost all possibility of ever being justified, or of committing suicide. Together with his father, whom he finally agrees to see in the last act, he chooses suicide.

3. *The Play's Relevance to the Algerian Problem*

Les Séquestrés d'Altona is a play which contains a very large number of ideas, and one has by no means exhausted its meaning by pointing to the similarities between some of its themes and the concepts underlying earlier works by Sartre like *L'Être et le Néant, Huis Clos, La Chambre* or *L'Enfance d'un Chef*. The principal reason for this wealth of ideas is that, in Sartre's view, man encounters his freedom and responsibility not only in his private relationships with other individuals, but also—and perhaps primarily—through his involvement in history. The events in Frantz's life are, in this respect, presented in such a way that we are often tempted to see him as wholly the 'innocent victim of circumstances', the puppet pulled by the strings of his all-powerful father, and this excuse for his actions is offered to him by his father in the last act of the play. Unfortunately, however, Frantz knows that this is only part of the truth. He was, it is true, put into a particular situation by the things which other people did to him, but once in this situation it was he who made the free decision to act as he did. Sartre points this out in the flashback in Act IV, scene 5, where Frantz is shown to be completely in command of the situation, and this is a fact which Frantz knows he will be never able to forget. His last refuge, the excuse to which he had clung in those moments when he could not deny to himself that he had been a torturer, is destroyed in the last act. His father tells him that 'ceux qui aimaient assez le pays pour sacrifier l'honneur militaire à la victoire' merely put off the providential defeat whereby, paradoxically, Germany has become the most powerful European nation, and it is then that Frantz is forced to acknowledge the complete futility of his actions. It is here, however, that the immediate political message of the play comes out, and that Sartre the committed writer, the man who believes that literature can and should take sides on contemporary issues, comes into partial conflict with the world view of Sartre the tragic philosopher.

From the very beginning of the Algerian war in 1954, Sartre was a most vigorous opponent of the policy known as 'Algérie française', and used every opportunity to take the side of the Moslem rebels against the French Army and settlers. In 1959, when *Les Séquestrés d'Altona* was first produced in Paris, the use of torture by the French Army as part of the attempt to suppress FLN terrorism was still a central issue in French politics, and one on which Sartre felt and wrote with great intensity. In 1958, for example, he had prefaced the account which Henri Alleg, a French Communist journalist, had given in his book *La Question*[11] of the tortures inflicted upon him by the 10th Parachute division, and had argued that atrocities of this kind were an inevitable part of colonial wars. Neither French public opinion, however, nor the unofficial censorship imposed on the French theatre during the first years of the Fifth Republic, would have allowed Sartre openly to present the problem of the use of torture by French troops in Algeria. Instead, he introduced it by allegory into a play about Germany, but without making his actual message in any way obscure. The name Frantz could surely not have been chosen by accident, and the character can easily 'stand for' those French officers who 'loved their country enough to sacrifice their military honour to the need for victory', and conducted torture in Algeria. However, suggests Sartre, these officers will one day find themselves in a situation which is just as absurd and impossible to accept as that of Frantz von Gerlach. The 'loss' of Algeria cannot in any way damage the prosperity or well-being of France. Indeed, by removing the necessity for her to spend over two million pounds a day on a war which she cannot hope to win, it may well enable her to achieve a degree of prosperity comparable to that of West Germany, the defeated nation of the last war.

It is true that, like most political ideas presented through a literary medium, this is rather an over-simplification of the actual issues involved, for it begs a large number of moral and political questions. Is it, to begin with, legitimate to equate, even by implication, the German aggression which led to the war of 1939–45 with the attitude of France in Algeria? Surely, it might be argued, France was doing nothing more than protect the million or so French people in Algeria who wished to remain French, and whose presence was, as we now realise, essential for the efficient running of the Algerian economy? The French Army, it could also be maintained, was engaged in a campaign against a brutal and highly organised terrorist organisation, and could not hope to protect the lives of both French and Arab civilians by sticking rigidly to the Geneva conventions. Such objections are certainly sufficiently valid to deserve discussion, and it must be said in Sartre's favour that he always warned people against drawing too exact a parallel between the history of France and Germany. He said in *Les Lettres Françaises*, for example, that Frantz's situation was only 'assez semblable à celle d'un soldat revenu d'Algérie', (17.9.59) and was even more cautious in a statement to *Le Monde* on the same day. There he told Claude Sarraute that:

> 'Je ne pense pas qu'on puisse établir de comparaison terme à terme entre notre situation actuelle et celle de nos voisins. Reste alors un problème d'ordre général: la responsabilité du soldat que les circonstances ont conduit à aller trop loin, un cas de conscience comme il y en a toujours et partout.

There is no doubt, however, that the work did have a political meaning for France in 1959, and most of the left-wing critics who wrote about the play were—rightly or wrongly—much less hesitant than Sartre himself in saying what it was.[12]

Where Sartre was more outspoken about his intentions was in the relevance of the play to the defects of modern capitalist civilisation. He stated in an interview published on September 16th 1959 in *L'Humanité*, the newspaper of the French Communist party, that his intention was to say to the public:

> Voilà ce que les circonstances ont fait de ces hommes. Voilà ce que le développement et les contradictions du capitalisme en ont fait... J'ai essayé de montrer le passé gonflant le présent. J'ai pris un monde qui s'achemine vers la mort, et qui ne peut aller que vers la mort. Je n'ai voulu que dresser un constat de décès, que constater la liquidation certaine d'un monde et qu'indiquer un autre commencement. C'est, à mes yeux, la loi du théâtre moderne.

There is nothing at all unexpected about such an interpretation, since Sartre has always been highly critical of Western capitalism and pessimistic about the effect which it has on people's lives. It is one of the paradoxes of the play that the father and Frantz, of whom Sartre disapproves so strongly from an intellectual and political point of view, should come to life so convincingly and have their problems depicted with what seems to be such sympathetic understanding. What is even more surprising, moreover, is that the whole play is also applicable not only to France and Germany but also the the Soviet Union.[13]

4. *The Play's Relevance to the Problem of Communism*

The situation in which Frantz von Gerlach is placed when he is forced to acknowledge that the tortures which he had committed were merely obstacles to the growth of German prosperity is very similar to that of another type of man: the European Communist or fellow-traveller who was suddenly forced to acknowledge, when he learned of Krushchev's speech denouncing Stalin in 1956, that Stalin's crimes had never been really necessary to the building up of Socialism in the Soviet Union. For years, such men had alternated—very much as Frantz himself had alternated—between denying that such crimes had ever been committed, and claiming that, if they *had* been committed, it was because they were essential to the survival of the Communist régime in Russia. Then, suddenly, like Frantz being told by his father that his actions at Smolensk had merely put off the providential disaster, they had to change their whole attitude. Stalin's crimes became, over-night, both real and indefensible, and those who had tried to justify them found themselves to have been accomplices in what was now officially declared an unnecessary evil. In a way, Sartre himself was one of these men, for he had, since 1952, publicly supported the attitude of the French Communist Party, and had even gone so far as to write a play satirising the right-wing journalists who said in 1955 what Krushchev was to say in 1956. This play, *Nekrassov*, was the most unsuccessful that Sartre has so far written, but it did show the extent to which he was prepared to go in supporting the Communist party line.

More important than this, however, is the fact that the suppression of the Hungarian revolt, coming as it did barely six months after Krushchev's denunciation of Stalin's crimes and tortures, showed that a criminal policy cannot easily be discarded. A course of political action that involves the use of torture is not only unjustifiable in any long-term context; it is also likely to create the kind of situation from which any progress into a more rational mode of political organisation is extremely difficult. Both in its personal and in its political implications, *Les Séquestrés d'Altona* is a very pessimistic play, for, as we shall see, there seems to be no way in which Frantz can escape from his dilemma. This political pessimism may certainly be a reflection of Sartre's own reaction to the suppression of the Hungarian revolt, for although he protested against it and argued that it was caused by the failure of the Russian leaders to be consistent in their own policy of de-Stalinisation, it clearly had a devastating effect upon his political hopes. In particular, it seems to have led him to emphasise the pessimistic aspect of his thought, and thereby to render even more visible a dichotomy that has characterised his work for over twenty years.

5. *The Play's Relationship to Sartre's later Philosophy*

There seem to be, in Sartre the thinker as well as in Sartre the novelist and playwright, two different men with two different and often irreconcilable sets of ideas. On the one hand, there is the Sartre of *La Nausée*, *Huis Clos* and *L'Être et le Néant*, who presents reality as absurd and unpleasant, all human relationships as foredoomed to frustration, and all attempts at 'morality' mere exercises in self-deception. It is this Sartre whose ideas and general emotional attitude come out most clearly in the depiction of the Frantz-Leni-Johanna triangle in *Les Séquestrés d'Altona*, and whose view of life Johanna expresses when she says, in Act III, that there is only really one truth: 'l'horreur de vivre' (scene 4). On the other hand, there is the Sartre who argues in *Les Mouches* and *Qu'est-ce que la littérature?* that man is free, that he can use literature to improve the condition of society, and that he can thereby make his life meaningful and worthwhile. Since the mid nineteen-fifties Sartre has proclaimed himself a Marxist, and it is a fundamental tenet of that philosophy that human life has a purpose and human history a meaning, and that, in Marx's own words 'humanity sets itself only problems which it can solve'. In what might be called the moral and political aspect of *Les Séquestrés d'Altona*—as distinct from the personal aspect exemplified by Frantz's relationship with Johanna and Leni—the 'pessimistic' and 'optimistic' sides of Sartre enter into conflict in a most interesting way. With one part of his mind he seems to be saying that, in the realm of history and of political action, there are possible solutions to man's problems; while, with the other, he seems to be saying—perhaps with the history of Stalinist Communism and of the suppression of the Hungarian revolt in his mind—that man is just as doomed to failure and frustration in political as he is in personal matters.

The more optimistic side is, it is true, implied rather than directly suggested, but can be found both in the applicability of the play's message to the Algerian war and the critique which it contains of two phases of Western capitalism. Here, it is the father who is the villain of the piece, with his readiness to serve first the Nazis and then the Americans in order to extend his own industrial empire, and his present impotence to exercise any kind of real control over the empire·which he has created. It is in the nature of capitalism, Sartre suggests, both to bring about the kind of historical situation which offers the opportunity for crimes like those of Frantz von Gerlach, and yet, in the last analysis, to fail to satisfy those who appear to derive most profit from it. After losing his beloved son as a result of the war which his attitude to Hitler had certainly helped to make possible, the father now finds himself reduced to being a mere figurehead. In the terms of James Burnham's *The Managerial Revolution*, he is the individual *entrepreneur* overtaken and rendered powerless by the new class of professional administrators brought into being by the demands of modern industrial organisation. It is in its implicit appeal both for an ending of the useless tortures of the Algerian war and for a more rational and humane mode of economic and political organisation that *Les Séquestrés d'Altona* strikes an optimistic note in Sartre's theatre and a promising development of his philosophy. This, certainly, was how the Communist critic Guy Leclerc saw the play when he wrote that, for the first time, Sartre had shown the capitalist destroyed by the contradictions of his own system.[14] It must be admitted, however, that this optimism almost completely disappears when we look more closely at the play.

A number of Sartre's earlier works had seemed to indicate that if man could face up to the reality of his own nature, he could then begin to achieve authenticity and something like salvation. In terms of Orestes's proclamation in *Les Mouches* that 'la vie humaine commence de l'autre coté du désespoir', one might perhaps argue that it is only after Frantz von Gerlach has been forced to see himself and his actions as they really are—a torturer having committed wholly useless tortures —that he can even begin to be an authentic human being. If this was Sartre's intention, then it certainly does not come off. The situation of Frantz von Gerlach *is* an impossible one, since the more conscious Frantz becomes of his situation, the more impossible does it become for him to assume responsibility for what he has done and become. Moreover, Sartre makes Frantz say a number of things which give the impression that man's nature is such that human history can never be redeemed or brought under control.

Frantz himself confesses, in the last scene with his father, that when he was held down and forced to watch the rabbi being killed before his eyes, he found in himself 'je ne sais quel assentiment' (p. 181). It is, Sartre seems to suggest, in man's nature to find within himself, however reluctantly, feelings of approval at the sight of the death of one of his fellows and to long for the opportunity to exercise supreme power himself. Similarly, in his 'closing speech for the defence', Frantz comes back again to the idea of man as a naturally cruel and blood-thirsty animal, compelled by the very nature of the world in which he lives to prey on his fellows, and incapable at any time of escaping from loneliness and impotence. What is most significant is that the central ideas in this speech—which is played back on the tape-recorder after Frantz and his father have gone off to commit suicide—come directly from Sartre's most recent philosophical work, and must therefore be considered not as part of the ravings of a semi-lunatic, but as the transposition into dramatic terms of a seriously held interpretation of history. It is in *La Critique de la raison dialectique* (1960), that we once again see the pessimistic side of Sartre taking precedence over the optimistic, for what is supposed to be an essay on the correct way to adapt classical Marxism to modern conditions becomes an explanation of why conflict can never, at any time, cease to be the dominant factor in human affairs.

Sartre's literary works have always drawn nourishment from his philosophical theories—and vice-versa—and there is no better way of showing how close a relationship there is between the two than by quoting, side by side, part of the central argument of *La Critique* and part of Frantz's last speech. In *La Critique*, Sartre has been explaining how the universal and inevitable fact of scarcity—there is never enough food for everyone in a primitive economy, never enough jobs or enough consumers in an industrial economy—inevitably makes man the rival and enemy of man, and he writes:

> Rien, en effet—ni les grands fauves ni les microbes—ne peut être plus terrible pour l'homme qu'une espèce intelligente, carnassière, cruelle, qui saurait comprendre et déjouer l'intelligence humaine et dont la fin serait précisément la destruction de l'homme. Cette espèce, c'est évidemment la nôtre se saisissant par tout homme chez les autres dans le milieu de la rareté.[15]

With remarkable similarity of both ideas and images, Frantz is made to declare in his closing speech:

> Le siècle eût été bon si l'homme n'eût été guetté par son ennemi cruel, immémorial, par l'espèce carnassière qui avait juré sa perte, par la bête sans poil et maligne, par l'homme.

and it is by the similarity both of images and ideas between the two passages that we can see how much of Sartre's own philosophy is expressed by his hero. Both hold that human relationships, both in private and in social life, are characterised by a ruthless and inevitable struggle for self-preservation.

Sartre also pays great attention, in *La Critique de la raison dialectique*, to a study of the circumstances in which men have to make political decisions. They are never, he insists, presented with the opportunity to 'start from scratch', and must always act within the context of the situation created for them by their own and other people's actions. Indeed, as he points out, they often suffer most acutely not from what their enemies have done to them but from the circumstances which their own actions have brought about. The Chinese peasants, for example, who cut down trees in order to build wooden houses were following a policy of systematic deforestation that was to expose their land far more efficiently than any hostile army could have done to the danger of recurrent flooding. The same pattern of events, Sartre argues, can be seen everywhere, and man's present condition is always made worse by the fact that the laws of history seem to lead man constantly to fall into traps of his own making. In the actual plot of *Les Séquestrés d'Altona* this happens to the father both on an immediately personal level and in his general relationship with society. His plan to use Johanna's beauty to bring Frantz down from his room is successful only at the price of his own and Frantz's immediate death, and on a social level it is his very success as a ship-builder that has caused *L'Enterprise* to grow so large that he has lost all control over it. From this point of view, von Gerlach ceases to be merely an individual capitalist helpless in the new world of the managerial society, and becomes instead a more widely symbolic figure of the futility of human endeavour.

The hostile power of created circumstances—which Sartre refers to in *La Critique de la raison dialectique* as the 'practico-inerte'—also recurs in the allegorical levels at which the play can be interpreted. When the French colonising politicians of the nineteenth century began to encourage Europeans to settle in North Africa, they never suspected that their very success in making Algeria into a *colonie de peuplement* would present their grandsons with one of the greatest problems in mid-twentieth century politics. Similarly, when Krushchev supported Stalin in the nineteen-thirties and nineteen-forties, he probably never foresaw how heavily the burden of successful Stalinism would weigh him down in his attempts at liberalisation in the nineteen-fifties. The impression given by *La Critique de la raison dialectique* is that as long as man continues to work under the pressure of scarcity and need—and Sartre insists at length that these form an inherent part of the human condition—he will inevitably fall victim to his own creations. What this leads to is the fundamentally anti-Marxist view that man will always be alienated from himself by the unpredictable effect of his own actions, and that no authentic moral acts are therefore possible. For if, as Sartre argued in his early work, there are no established moral principles which ensure that certain acts are good irrespective of their results, then the only remaining criterion is one of expediency. And the plot both of *Les Séquestrés d'Altona* and of *Les Mains Sales* shows how easily standards based upon expediency can be reversed by a twist of human history.

If one follows this line of thought to its final conclusion, *Les Séquestrés d'Altona* reads more and more like a criticism of the early version of Existentialism summarised in the first part of this Introduction, and, in particular, of the premises on which Sartre tried to construct his original 'ethic of authenticity'. This comes out clearly in Act II, scene I where Leni gives Frantz exactly the type of advice implied by Sartre's depiction of the character of Orestes in *Les Mouches*. 'Tu seras invulnérable', she tells him (p. 99) 'si tu oses déclarer: "J'ai fait ce que j'ai voulu et je veux ce que j'ai fait" '. Within the context suggested by the historical allegory of *Les Mouches*—Aigisthos is the German invader; Clytemnestra the supporters of the Vichy régime; Orestes the French resistance movement—the hero of Sartre's first play can assume responsibility for the crime of matricide since this crime can be given a positive meaning on a practical political level: one is justified in killing certain Frenchmen if this helps to free the country of the Germans. Similarly, the Jew or the Negro who 'choose to assume' their Jewishness or Negritude, or the Gide whom Sartre admired for having had the courage to assume his own homosexuality,[16] can achieve authenticity since they are performing self-regarding actions whose moral validity remains independent of any historical context. Once we are involved in history, however, and once history has lost that unambiguous quality which characterises rare periods like that of the Resistance movement, then we can no longer achieve authenticity in this way. Frantz cannot claim responsibility for the crimes which he has committed, since the course of history has shown them to be completely useless. Had the allied armies not landed in Normandy in 1944, and had the Russians therefore been allowed to take over the whole of Germany and treat it as they treated the Soviet Occupation zone or East Berlin, then there might have been something in Frantz's argument that all means could and should have been used to avoid so disastrous a defeat. In point of fact, however, this did not happen, and it is this historical accident which makes it impossible for Frantz to behave as the hero of Sartre's earlier Existentialism should.

It might be argued, of course, that Frantz could never have assumed responsibility for his tortures even if they had later revealed themselves as politically justified. Unlike Orestes' killing of Aigisthos and Clytemnestra, and unlike the decision of Goetz, at the end of *Le Diable et le Bon Dieu*, to impose discipline on the peasant army by summary executions, Frantz's action was not originally motivated by political considerations of any kind. It was, as his remarks to his father in Act V, scene I, make clear, part of an attempt to compensate for the humiliation which he had undergone when he had been powerless to save the rabbi, and was therefore inspired by very personal motives. One nevertheless has the feeling that if he had been able to find political justification for what he had done, he would not have felt such intense guilt for what would then have become, albeit in retrospect, a defensible course of action. This impression is reinforced both by his long-lasting attempt to provide a reason for his tortures by pretending that Germany is still in ruins, and by the comparison which one can make, within the context of Sartre's theatre, with the situation of Hugo at the end of *Les Mains Sales*. Like Frantz, Hugo kills for personal reasons, since although he had originally intended to assassinate Hoederer because he disagreed with him politically, he finally manages to pull the trigger only when he is overwhelmed with jealousy on finding his wife Jessica in Hoederer's arms. However, what causes him most anguish is not his killing of Hoederer but his discovery that a change in the party line has now made this action politically useless. Like Frantz, he also wants to justify his crime on political grounds and he does so, in his own eyes at least, by getting himself killed at the end of the play. The impression given by Sartre's plays is that although the motives which inspire our acts are varied and uncertain, the means whereby we try to justify them generally depend upon our present historical situation. If this situation is one to which our actions have made a positive contribution, then we can accept responsibility for our acts; if it is not, then the ambiguity of our motives comes to the fore again, and renders even more intense the suffering and absurdity in which the unpredictable quirks of history have plunged us.

It was perhaps with something like these considerations in mind that Sartre insisted in *L'Express* that in spite of the ambiguity which characterises all our moral and political choices, there are nevertheless 'des actes inacceptables'.[17] In his view, torture is clearly one of these, but it is difficult to see why it should be worse than murder. The torturer may indeed be inspired by ignoble motives, as Frantz certainly was when he tried, in his own words, to 'changer l'homme en vermine *de son vivant*' (p. 181), but the killer may also, like Hugo, have no nobler motive than that of avenging his sexual honour. Similarly, it is not difficult to imagine a situation in which torture could be defended on empirical grounds. If, for example, a member of a terrorist organisation did know where a time-bomb was hidden, and if the police tortured him until he told them and thereby saved the lives of a hundred people, it would be very hard to condemn their action on moral grounds. Perhaps the most fruitful way of considering this aspect of the play is to see it in the light of Sartre's remark in *Saint Genet Comédien et Martyr* to the effect that at the present time morality is both impossible and inevitable.[18] It is impossible because we can neither refer our actions to any established value system nor count on the course of future history to show these actions to have been empirically justifiable. If we do expect history to underwrite our choices, we shall almost certainly be disappointed, and shall find ourselves in situations where we have to assume responsibility for actions that no longer have any meaning. Morality is nevertheless inevitable because we are always being confronted with situations which demand action, and the nature of the human condition is such that any action that we perform does constitute an implicit value judgment. When Goetz decides to impose discipline by killing more people more or less at random, he is thereby committing himself, by his actions, to the view that one man's life can be sacrificed to what he thinks of as the general good. If, however, the revolution which he is leading later turns out to be a failure, and these executions are therefore seen to have been unnecessary, then he too will be in a situation that is basically the same as that of Frantz von Gerlach. It is by drawing our attention to such ideas, while at the same time insisting upon the cruel and vicious nature of man, that Sartre gives us in *Les Séquestrés d'Altona* one of the most intensely pessimistic pictures of the human lot in contemporary literature.

6. 'Les Séquestrés d'Altona' as Tragedy

Although we might argue that all the implications of Les Séquestrés d'Altona are wholly nihilistic, it would be unjust to Sartre as a playwright to suggest that its only interest lies in the controversial and stimulating ideas which it contains. It goes beyond despair in that it shows that there is no fate so terrible that it cannot be comprehended by man's thought or transmuted into a work of art. Although, unlike Pascal, Sartre always thinks of man as being crushed and defeated by a world which is essentially a human creation, he would nevertheless agree with him that our greatness lies in our ability to become conscious of what is happening to us. Frantz von Gerlach's fate is a terrible one, and his bad faith disturbing evidence of man's inability to face up to reality, but it is partly through his bad faith that he finally enables the spectator to achieve both a measure of historical understanding and a full tragic consciousness of one aspect of the human condition. Frantz rises above his fate by the expression which he gives to it, and he does so, moreover, in terms that remind us all of a truth which the century of Buchenwald cannot afford to forget: that if there are any centuries after our own—'peut-etre qu'une bombe aura soufflé toutes les lumières' says Frantz—they will judge and condemn us even more harshly than we judge the centuries that came before our own. That this was Sartre's intention in giving Frantz the particular speeches that he did is indicated by a number of remarks which he gave to the weekly newspaper, L'Express, where he explained that

> toute la pièce est construite du point de vue d'un avenir à la fois vrai et faux. La folie du séquestré consiste, pour éviter de se sentir coupable, à se considérer comme le témoin d'un siècle en train de disparaître et à s'adresser à un tribunal supérieur. Naturellement, il ne dit que des bêtises, et ne raconte pas ce qu'est véritablement son siècle, mais je voudrais que le spectateur se sente un peu en présence de ce tribunal . . . ou, tout simplement, des siècles qui viennent.[19]

We are all, like Frantz von Gerlach, prisoners at the bar of history, all thrown into enterprises which we have not chosen, all victims and torturers, all free to choose within the limits of our circumstances, and all responsible for the choices that we have made. What Sartre gives us, in Les Séquestrés d'Altona, is the political tragedy of twentieth-century man: Frantz von Gerlach began by trying to save a Jewish rabbi from a concentration camp, and ended up by becoming 'the butcher of Smolensk'. There must, in 1959, have been officers in the French Army who had begun with the idea of enabling illiterate Arabs to share the greatness of French culture, but who ended up by sending electric shocks through the genitals of the very Arabs whom they had hoped to civilise. Similarly there must have been Communists who began with the dream of human fraternity and ended by sending people to Stalin's concentration camps. This is a terrible and a tragic fate, but one that can be made human by being understood. And what Sartre offers us, in Frantz's closing speech, is something very like the vision of reality afforded by any tragic hero when he achieves consciousness of his fate.

This awareness is, paradoxically, something which results from Frantz's lies and evasions, and it would be wrong to suggest that he reaches the highest tragic level where Oedipus deliberately puts reality to the question in order to discover the truth about himself. Frantz has to be tricked and driven into acknowledging his truth, and once he has done so his role in the play is virtually finished. It is only when he is telling lies about himself to his totally imaginary 'Tribunal of Crabs' that he speaks the truth about his century, and it is this fundamental paradox which makes him so powerful a symbolic representative of a historical period which, in Sartre's view, is characterised by unavoidable contradictions and inescapable betrayals. Frantz tried to risk his own life to save the Polish rabbi, and won twelve decorations for courage in battle; yet he now lacks the courage to step outside his room, and remarks of his medals, in a flash of ironical self-awareness: 'Moi, je suis un héros lâche, et je porte les miennes en chocolat' (II, 5). He idolises his father to the point of being obsessed by what he, more than anyone else, will think of his actions, but constantly speaks of him in terms of hatred and contempt. And, although his very lies and evasions bear witness to a longing for goodness that he has never been able to satisfy, his self-imposed wakefulness is, in so far as it forms part of a constant refusal to be really lucid about events, merely a piece of histrionics.

It is in this respect highly significant that while the critic can see Frantz as a tragic hero, Sartre himself made a number of remarks which indicated that he himself had no sympathy for Frantz and looked upon him as merely the representative of an outmoded form of Puritan education.[20] The 'unified sensibility' which enabled an author and his public to share the same view of a character and the same basic moral appreciation of his virtues and failings has gone, so that the only tragic hero now within our range is a buffoon who is despised by his creator at the very moment when he is suffering most intensely from the contradictions of our time.

7. *The Realism of 'Les Séquestrés d'Altona'*

The value of *Les Séquestrés d'Altona* as a work of literature—if this can be, if only temporarily, divorced from the interest of the ideas which Sartre expresses—does not, however, lie solely in the tragic note yielded by its closing speeches. It is also a play about the relationship between a man and his family, and it is perhaps this aspect which, for the non-philosophical reader, constitutes its main interest and value. It is a play about personal relationships in which one is constantly held by the two questions which are perhaps the most important ones which any audience can ask in a modern theatre: What will happen next, and what effect will this have on the characters? Will Johanna discover the truth about the reasons for Frantz's seclusion, and how will she react? Will Frantz be able to adapt himself to the disturbance introduced by the arrival of another person into the private world which he shares with Leni? Will the father succeed in seeing his son again, and how will this affect both of them? The fact that one asks oneself so many questions during the course of the play, and that the answers, when provided, continually increase one's interest in the characters, is perhaps the best tribute that there is to Sartre's skill as a dramatist and as a creator of fictional characters who give the illusion of being alive. This is a family as well as a historical drama, and the human interest which it contains is a proof that the theatre of ideas is by no means obliged to consist solely of unreal marionettes. Each one of the characters in the play exists as a human being in his or her own right—even, one hastens to add, the apparently superfluous character of Frantz's younger brother Werner.

At first sight, Werner seems to have no real function at all to perform, and to be merely the device whereby Johanna is introduced into the plot. This is true in a way, but it neglects two important aspects of Werner's character which contribute greatly to the balance and general atmosphere of the play. Among four people who are consumed by what one might call a 'passion for the absolute'—for Leni, the complete possession of the person she loves; for Johanna the ability to realise herself as a wholly beautiful woman; for the father, the love of a son whom he has adored but lost; for Frantz the desire to justify both his actions and the crimes of his century—Werner is the person of ordinary ambitions and ideals. Left to himself, he would have been quite happy as a lawyer in Hamburg, and might even have been capable of giving Johanna a certain type of ordinary happiness. He is, however, drawn into a world in which people live and fight for the highest stakes, and it is his inability, in Act III, to understand what is really happening between Frantz and Johanna that makes him into a kind of absurd chorus, underlining by his incomprehension the intensity of the world in which the others move. He is a man foredoomed both to ordinariness and to failure and thereby stands out, by contrast, as a pathetic figure in a universe of tragedy. He is not, however, wholly free of the besetting sin of the von Gerlach family. In so far as he too becomes interested in power—power over the family enterprise which is given to him solely because Frantz does not want it, power over his wife when he forces her, in Act III, scene 4, to recognise that the nights will belong to him although the days will be given over to Frantz—he shows himself the spiritual as well as the physical son of the father whom he adores without ever being able to please. It is in this portrayal of a family dominated by the lust for power and possession that the great value of *Les Séquestrés d'Altona* as a realistic drama is to be found.

Here, it is the character of the father which occupies the centre of the stage. He is a man who has lived for power, and who is now prepared to die because he realises that the time has come when he will no longer be able to exercise it. His remark to Leni—'Crois-tu que je tolérerai l'extravagance de quelques cellules, moi qui fais flotter l'acier sur les mers?' (I, 2)—is, like his calm assurance that nothing can happen to Frantz as long as he is alive, characteristic of a man who has never, until his final discovery that he too is mortal, seriously considered that any obstacle might stand in the way of his ambitions. He resembles one of Sartre's earlier heroes, the Hoederer of *Les Mains Sales*, in his total absence of illusions about the price to be paid for exercising power. He is ruthless, but without unnecessary cruelty, wholly devoid of any 'useless' feelings like pity or regret, totally devoted to his children but nevertheless determined that, when they act, it will be in a manner that he has decided for them. It is his tragedy as well as that of Frantz that the world changes, and that the ambitions and abilities which made for power in one generation have become useless in the next.

> Les parents sont des cons: ils arrêtent le soleil [he tells his son in the last act]. Je croyais que le monde ne changerait plus. Il a changé. Te rappelles-tu cet avenir que je t'avais donné? . . . Je t'en parlais sans cesse et, toi, tu le voyais . . . Eh bien, ce n'était que mon passé. (V, 1)

When his full humanity breaks through the mask of power for whose sake he has lived, the father excites a genuine feeling of pity. It is an indication of the complex nature of the play that this should happen to a character who is, at the same time, the symbolic but wholly convincing representative of a clearly defined social class of a particular nation.

Any spectator who knows the family life of the North German bourgeoisie, either through literary works or through personal experience, feels a shock of possibly horrified recognition on entering into the world of *Les Séquestrés d'Altona*. Here is the patriarchal German family of legend and reality, with its enormous mansion stuffed with heavy and useless furniture, its customs of piety and filial respect surviving long after the original inspiration for them has disappeared—'Nous allons au temple et nous jurons sur la Bible. Je vous l'ai dit: cette famille a perdu ses raisons de vivre, mais elle a gardé ses bonnes habitudes' (I, 1)—and which is trying, with characteristic determination, to survive in a new and almost incomprehensible world. In both the London and the Paris production, the family atmosphere was extremely well brought out by the décor and style of acting, to a degree which is perhaps not wholly perceptible to someone who has simply a reading knowledge of the text. It did, however, add immensely to its over-all effect, especially as a counter-balance to the allegorical theme which the play also contained. It is one of the characteristic drawbacks of allegory that it tends to be presented in a medium which neglects the need for realistic presentation. In *Les Séquestrés d'Altona*, this was never the case. Sartre's Germans are, in their own way, as real as those of Thomas Mann's *Buddenbrooks*.

8. *The Dramatic Qualities of 'Les Séquestrés d'Altona'*

It is notoriously difficult, when discussing the literary value of a play, to pass from its success in communicating ideas or its general accuracy as a portrayal of a milieu to a consideration of its more purely 'theatrical' values. One of the highest aesthetic values that the theatre can attain is the 'moment of truth' when the audience becomes collectively conscious of the nature and significance of the drama being enacted before it; when the emotions of the public enable it to share the feelings simulated by the actor, and to experience that shock of recognition which comes over us when a complete stranger expresses our innermost and perhaps hitherto unconscious feelings. This is what, by its very nature, the theatre and no other art form is capable of achieving. But it is not something which can be communicated by the critic who discusses the play afterwards, in cold blood, and tries to bring out the specifically 'dramatic' value of the play. All he can do is point to certain moments in the text, and ask his reader to take on trust his assurances that such moments are intensely moving in the theatre.

In the case of Les Séquestrés d'Altona, the number of such moments is impressively high. When we first see Frantz on the stage, and really feel the contrast between his world and the opulent Germany of the present day; when Johanna cries out that the orphans of Düsseldorf exist so intensely in Frantz's room that 'ils me poursuivent jusqu'au rez-de-chaussée' (III, 2); when Leni finally compels Frantz to acknowledge the truth and Johanna rejects him; and, above all, when Frantz collapses for a moment on his father's shoulder, letting fall all masks and all pretence, then we do experience those moments of awareness and communication that constitute the uniqueness of the theatre.

The excellence of these moments also owes much to the actual language in which the play is written. Hard and down to earth in the scenes between the father, Leni, Werner and Johanna in the first act of the play, it suddenly gives way to the strangely moving rhetoric of Frantz. Spoken by an actor with the verbal skill and resources of Serge Reggiani, who played the part of Frantz in the original Paris production, the speeches which might, to the reader, seem merely absurd ravings took on a life of their own. This was particularly true of the very last speech, in which the insistent repetition of the idea of loneliness—'un et un font un'—summed up the spirit of the whole of the previous action. The sudden intrusions of a strange kind of poetry into the apparently solid, bourgeois world of the von Gerlachs provided some of the best effects in Sartre's theatre, and are illustrative of the two worlds in which his characters move: on the one hand, that of metaphysical problems and cosmic destiny; and, on the other, that of a particular society which has recovered an appearance of normality, but in which the 'bête maligne et sans poil' is never far below the surface.

The main dramatic value of the play, however, still lies in the feature which has already been mentioned: the excitement which one feels about what is going to happen next. This is characteristic of almost all Sartre's plays, and can be attributed to two main causes: his choice of subject-matter and the essentially dramatic nature of his philosophy. It is always said that Existentialism is characterised by its concern with the immediate realities of the human predicament, and Sartre's plays certainly deal with those 'boundary situations' which the German philosopher Karl Jaspers holds to be most revelatory of our true nature. In Sartre's plays, people commit murder, adultery and incest, go mad, are executed, torture, commit suicide or die of cancer. In this respect, his world has a natural if surprising affinity with that of Greek tragedy, and it is this affinity which gives an especial quality to the excitement which we feel about what is going to happen next. When people are deciding on the meaning of their lives not in terms of some abstract and coldly held set of ideas, but as a result of the basic human impulses and desires that they themselves feel, our interest in the plot moves on to a much higher plane than that of the conventional thriller or detective story. It may be that we do not always recognise ourselves in Sartre's plays, for—perhaps fortunately—it is not everyone who lives on the same level of intensity as his characters do. But this does not mean to say that the world which he depicts either cannot or does not exist. A glance at any daily paper or court-room report, or a reading of *Lear*, *Othello*, *Medea*, *Oedipus Rex* or the Oresteian trilogy is sufficient indication that the violence and passion of Sartre's dramatic world is something which can be found both in 'ordinary' life and in the great literature of the past. He selects certain basic human urges—the love of a father for his son, the desire of a beautiful woman to realise her own nature, the need for a man to justify his acts—and fits them into a plot which revolves around these urges. This is why the play can be termed 'Existentialist' in the best sense of the word: it is about the way people live out philosophical problems in their own personal lives.

LES SÉQUESTRÉS
D'ALTONA

NOTE PRÉLIMINAIRE

J'ai cru forger le nom de Gerlach. Je me trompais : c'était une réminiscence. Je regrette mon erreur d'autant plus que ce nom est celui d'un des plus courageux et des plus notoires adversaires du National-Socialisme.

Hellmuth von Gerlach a consacré sa vie à lutter pour le rapprochement de la France et de l'Allemagne et pour la paix. En 1933 il figure en tête des proscrits allemands ; on saisit ses biens et ceux de sa famille. Il devait mourir en exil, deux ans plus tard, après avoir consacré ses dernières forces à secourir ses compatriotes réfugiés.

Il est trop tard pour changer le nom de mes personnages, mais je prie ses amis et ses proches de trouver ici mes excuses et mes regrets.

LES SÉQUESTRÉS
D'ALTONA

*ont été représentés pour la première fois au Théâtre de la Renaissance
(direction Vera Korène) le 23 septembre 1959.*

*

DISTRIBUTION

dans l'ordre d'entrée en scene :

LENI	Marie-Olivier
JOHANNA	Evelyne Rey
WERNER	Robert Moncade
LE PÈRE	Fernand Ledoux
FRANTZ	Serge Reggiani
LE S. S. ET L'AMÉRICAIN	William Wissmer
LA FEMME	Catherine Leccia
LIEUTENANT KLAGES	Georges Pierre
UN FELDWEBEL	André Bonnardel

*

Mise en scène de François DARBON
Décors de Yvon HENRY
Décors réalisés par Pierre DELORME
et peints par Pierre SIMONINI
Réalisation sonore de Antonio MALVASIO

ACTE PREMIER

*Une grande salle encombrée de meubles prétentieux et laids,
dont la plupart datent de la fin du XIXe siècle allemand. Un
escalier intérieur conduit à un petit palier. Sur ce palier, une
porte close. Deux portes-fenêtres donnent, à droite, sur un parc
touffu ; la lumière de l'extérieur semble presque verdie par les
feuilles d'arbres qu'elle traverse. Au fond, à droite et à gauche,
deux portes. Sur le mur du fond, trois immenses photos de Frantz ;
un crêpe sur les cadres, en bas et à droite.*

I. 1

LENI, WERNER, JOHANNA

*Leni debout, Werner assis dans un fauteuil, Johanna assise sur
un canapé. Ils ne parlent pas. Puis, au bout d'un instant,
la grosse pendule allemande sonne trois coups. Werner se
lève précipitamment.*

Leni (*éclatant de rire*). Garde-à-vous ! [*Un temps.*] A trente-
trois ans ! [*Agacée.*] Mais rassieds-toi !

Johanna. Pourquoi ? C'est l'heure ?

Leni. L'heure ? C'est le commencement de l'attente, voilà,
tout. [*Werner hausse les épaules. A Werner.*] Nous atten-
drons : tu le sais fort bien.

Johanna. Comment le saurait-il ?

Leni. Parce que c'est la règle. A tous les conseils de famille…

Johanna. Il y en a eu beaucoup ?

Leni. C'étaient nos fêtes.

Johanna. On a les fêtes qu'on peut. Alors?

Leni (*enchaînant*). Werner était en avance et le vieil Hindenburg en retard.

Werner (*à Johanna*). N'en crois pas un mot: le père a toujours été d'une exactitude militaire.

Leni. Très juste. Nous l'attendions ici pendant qu'il fumait un cigare dans son bureau en regardant sa montre. A trois heures dix il faisait son entrée, militairement. Dix minutes: pas une de plus, pas une de moins. Douze aux réunions du personnel, huit quand il présidait un conseil d'administration.

Johanna. Pourquoi se donner tant de peine?

Leni. Pour nous laisser le temps d'avoir peur.

Johanna. Et aux chantiers?

Leni. Un chef arrive le dernier.

Johanna (*stupéfaite*). Quoi? Mais qui dit cela? [*Elle rit.*] Personne n'y croit plus.

Leni. Le vieil Hindenburg y a cru cinquante ans de sa vie.

Johanna. Peut-être bien, mais à présent...

Leni. A présent, il ne croit plus à rien. [*Un temps.*] Il aura pourtant dix minutes de retard. Les principes s'en vont, les habitudes restent: Bismarck vivait encore quand notre pauvre père a contracté les siennes. [*A Werner.*] Tu ne te les rappelles pas, nos attentes? [*A Johanna.*] Il tremblait, il demandait qui serait puni!

Werner. Tu ne tremblais pas, Leni?

Leni (*sèchement, elle rit*). Moi? Je mourais de peur mais je me disais: il paiera.

Johanna (*ironiquement*). Il a payé?

Leni (*souriante, mais très dure*). Il paye. [*Elle se retourne sur Werner.*] Qui sera puni, Werner? Qui sera puni de nous deux? Comme cela nous rajeunit! [*Avec une brusque violence.*] Je déteste les victimes quand elles respectent leurs bourreaux.

Johanna. Werner n'est pas une victime.

Leni. Regardez-le.

Johanna (désignant la glace). Regardez-vous.

Leni (surprise). Moi?

Johanna. Vous n'êtes pas si fière! Et vous parlez beaucoup.

Leni. C'est pour vous distraire: il y a longtemps que le père ne   50
me fait plus peur. Et puis, cette fois-ci, nous savons ce
qu'il va nous dire.

Werner. Je n'en ai pas la moindre idée.

Leni. Pas la moindre? Cagot, pharisien, tu enterres tout ce qui
te déplaît! [*A Johanna.*] Le vieil Hindenburg va crever,
Johanna. Est-ce que vous l'ignoriez?

Johanna. Non.

Werner. C'est faux! [*Il se met à trembler.*] Je te dis que c'est
faux.

Leni. Ne tremble pas! [*Brusque violence.*] Crever, oui, crever!   60
Comme un chien! Et tu as été prévenu: la preuve, c'est
que tu as tout raconté à Johanna.

Johanna. Vous vous trompez, Leni.

Leni. Allons donc! Il n'a pas de secrets pour vous.

Johanna. Eh bien, c'est qu'il en a.

Leni. Et qui vous a informée?

Johanna. Vous.

Leni (stupéfaite). Moi?

Johanna. Il y a trois semaines, après la consultation, un des
médecins est allé vous rejoindre au salon bleu.   70

Leni. Hilbert, oui. Après?

Johanna. Je vous ai rencontrée dans le couloir: il venait de
prendre congé.

Leni. Et puis?

Johanna. Rien de plus. [*Un temps.*] Votre visage est très
parlant, Leni.

Leni. Je ne savais pas cela. Merci. J'exultais?

Johanna. Vous aviez l'air épouvantée.

Leni (criant.) Ce n'est pas vrai!   [*Elle se reprend.*

Johanna (doucement). Allez regarder votre bouche dans la   80
glace: l'épouvante est restée.

Leni (*brièvement*). Les glaces, je vous les laisse.

Werner (*frappant sur le bras de son fauteuil*). Assez! [*Il les regarde avec colère.*] Si c'est vrai que le père doit mourir, ayez la décence de vous taire. [*A Leni.*] Qu'est-ce qu'il a? [*Elle ne répond pas.*] Je te demande ce qu'il a.

Leni. Tu le sais.

Werner. Ce n'est pas vrai!

Leni. Tu l'as su vingt minutes avant moi.

Johanna. Leni? Comment voulez-vous?...   90

Leni. Avant d'aller au salon bleu, Hilbert est passé par le salon rose. Il y a rencontré mon frère et lui a tout dit.

Johanna (*stupéfaite*). Werner! [*Il se tasse dans son fauteuil sans répondre.*] Je... Je ne comprends pas.

Leni. Vous ne connaissez pas encore les Gerlach, Johanna.

Johanna (*désignant Werner*). J'en ai connu un à Hambourg, il y a trois ans et je l'ai tout de suite aimé: il était franc, il était gai. Comme vous l'avez changé!

Leni. Est-ce qu'il avait peur des mots, à Hambourg, votre Gerlach?   100

Johanna. Je vous dis que non.

Leni. Eh bien, c'est ici qu'il est vrai.

Johanna (*tournée vers Werner, tristement*). Tu m'as menti!

Werner (*vite et fort*). Plus un mot. [*Désignant Leni.*] Regarde son sourire: elle prépare le terrain.

Johanna. Pour qui?

Werner. Pour le père. Nous sommes les victimes désignées et leur premier objectif est de nous séparer. Quoi que tu puisses penser, ne me fais pas un reproche: tu jouerais leur jeu.   110

Johanna (*tendre, mais sérieuse*). Je n'ai pas un reproche à te faire.

Werner (*maniaque et distrait*). Eh bien, tant mieux! Tant mieux!

Johanna. Que veulent-ils de nous?

Werner. N'aie pas peur: ils nous le diront.   [*Un silence.*

Johanna. Qu'est-ce qu'il a?

Leni. Qui?

Johanna. Le père.

Leni. Cancer à la gorge.   120

Johanna. On en meurt?

Leni. En général. [*Un temps.*] Il peut traîner. [*Doucement.*]
Vous aviez de la sympathie pour lui, n'est-ce pas?

Johanna. J'en ai toujours.

Leni. Il plaisait à toutes les femmes. [*Un temps.*] Quelle
expiation! Cette bouche qui fut tant aimée... [*Elle voit
que Johanna ne comprend pas.*] Vous ne le savez peut-être
pas, mais le cancer à la gorge a cet inconvénient majeur...

Johanna (*comprenant*). Taisez-vous.

Leni. Vous devenez une Gerlach, bravo!   130

[*Elle va chercher la Bible, gros et lourd volume du XVIe
siècle, et la transporte avec difficulté sur le guéridon.*]

Johanna. Qu'est-ce que c'est?

Leni. La Bible. On la met sur la table quand il y a conseil de
famille. [*Johanna la regarde, étonnée. Leni ajoute, un peu
agacée.*] Eh bien, oui: pour le cas où nous prêterions
serment.

Johanna. Il n'y a pas de serment à prêter.

Leni. Sait-on jamais?

Johanna (*riant pour se rassurer*). Vous ne croyez ni à Dieu ni 140
au Diable.

Leni. C'est vrai. Mais nous allons au temple et nous jurons
sur la Bible. Je vous l'ai dit: cette famille a perdu ses
raisons de vivre, mais elle a gardé ses bonnes habitudes.
[*Elle regarde l'horloge.*] Trois heures dix, Werner: tu
peux te lever.

I. 2

LES MÊMES, LE PÈRE

Au même instant le Père entre par la porte-fenêtre. Werner
entend la porte s'ouvrir et fait demi-tour. Johanna hésite à
se lever ; finalement, elle va s'y résoudre, de mauvaise grâce.
Mais le Père traverse la pièce d'un pas vif et l'oblige à se
rasseoir en lui mettant les mains sur les épaules.

Le Père. Je vous en prie, mon enfant. [*Elle se rassied, il*
s'incline, lui baise la main, se redresse assez brusquement,
regarde Werner et Leni.] En somme, je n'ai rien à vous
apprendre ? Tant mieux ! Entrons dans le vif du sujet. Et
sans cérémonies, n'est-ce pas ? [*Un bref silence.*] Donc, je
suis condamné. [*Werner lui prend le bras. Le Père se dégage*
presque brutalement.] J'ai dit : pas de cérémonies. [*Werner,*
blessé, se détourne et se rassied. Un temps. Il les regarde tous
les trois. D'une voix un peu rauque.] Comme vous y croyez,
vous, à ma mort ! [*Sans les quitter des yeux, comme pour se*   10
persuader.] Je vais crever. Je vais crever. C'est l'évidence.
[*Il se reprend. Presque enjoué.*] Mes enfants, la Nature me
joue le tour le plus ignoble. Je vaux ce que je vaux, mais ce
corps n'a jamais incommodé personne. Dans six mois,
j'aurai tous les inconvénients d'un cadavre sans en avoir
les avantages. [*Sur un geste de Werner, en riant.*] Assieds-
toi : je m'en irai décemment.

Leni (*intéressée et courtoise*). Vous allez…

Le Père. Crois-tu que je tolérerai l'extravagance de quelques
cellules, moi qui fais flotter l'acier sur les mers ? [*Un bref*   20
silence.] Six mois c'est plus qu'il n'en faut pour mettre
mes affaires en ordre.

Werner. Et après ces six mois ?

Le Père. Après ? Que veux-tu qu'il y ait : rien.

Leni. Rien du tout ?

44

Le Père. Une mort industrielle: la Nature pour la dernière fois rectifiée.

Werner (la gorge serrée). Rectifiée par qui?

Le Père. Par toi, si tu en es capable. [*Werner sursaute, le Père rit.*] Allons, je me charge de tout: vous n'aurez que le souci des obsèques. [*Un silence.*] Assez là-dessus. [*Un long silence. A Johanna, aimablement.*] Mon enfant, je vous demande encore un peu de patience. [*A Leni et Werner, changeant de ton.*] Vous prêterez serment l'un après l'autre.

Johanna (inquiète). Que de cérémonies! Et vous disiez que vous n'en vouliez pas. Qu'y a-t-il à jurer?

Le Père (bonhomme). Peu de chose, ma bru; de toute façon, les parentes par alliance sont dispensées du serment. [*Il se tourne vers son fils avec une solennité dont on ne sait si elle est ironique ou sincère.*] Werner, lève-toi. Mon fils, tu étais avocat. Lorsque Frantz est mort, je t'ai appelé à mon aide et tu as quitté le Barreau sans une hésitation. Cela vaut une récompense: tu seras le maître dans cette maison et le chef de l'entreprise. [*A Johanna.*] Rien d'inquiétant comme vous le voyez: j'en fais un roi de ce monde. [*Johanna se tait.*] Pas d'accord?

Johanna. Ce n'est pas à moi de vous répondre.

Le Père. Werner! [*Impatienté.*] Tu refuses?

Werner (sombre et troublé). Je ferai ce que vous voudrez.

Le Père. Cela va de soi. [*Il le regarde.*] Mais tu répugnes à le faire?

Werner. Oui.

Le Père. La plus grande entreprise de constructions navales! On te la donne et cela te navre. Pourquoi?

Werner. Je… mettons que je n'en sois pas digne.

Le Père. C'est fort probable. Mais je n'y peux rien: tu es mon seul héritier mâle.

Werner. Frantz avait toutes les qualités requises.

Le Père. Sauf une, puisqu'il est mort.

Werner. Figurez-vous que j'étais un bon avocat. Et que je me résignerai mal à faire un mauvais chef.

Le Père. Tu ne seras peut-être pas si mauvais.

Werner. Quand je regarde un homme dans les yeux, je deviens incapable de lui donner des ordres.

Le Père. Pourquoi?

Werner. Je sens qu'il me vaut.

Le Père. Regarde au-dessus des yeux. [*Se touchant le front.*] Là, par exemple: il n'y a que de l'os.

Werner. Il faudrait avoir votre orgueil.

Le Père. Tu ne l'as pas? 70

Werner. D'où l'aurais-je tiré? Pour façonner Frantz à votre image, vous n'avez rien épargné. Est-ce ma faute si vous ne m'avez enseigné que l'obéissance passive?

Le Père. C'est la même chose.

Werner. Quoi? Qu'est-ce qui est la même chose?

Le Père. Obéir et commander: dans les deux cas tu transmets les ordres que tu as reçus.

Werner. Vous en recevez?

Le Père. Il y a très peu de temps que je n'en reçois plus.

Werner. Qui vous en donnait? 80

Le Père. Je ne sais pas. Moi, peut-être. [*Souriant.*] Je te donne la recette: si tu veux commander, prends-toi pour un autre.

Werner. Je ne me prends pour personne.

Le Père. Attends que je meure: au bout d'une semaine tu te prendras pour moi.

Werner. Décider! Décider! Prendre tout sur soi. Seul. Au nom de cent mille hommes. Et vous avez pu vivre!

Le Père. Il y a beau temps que je ne décide plus rien. Je signe le courrier. L'année prochaine, c'est toi qui le signeras.

Werner. Vous ne faites rien d'autre? 90

Le Père. Rien depuis près de dix ans.

Werner. Qu'y a-t-il besoin de vous? N'importe qui suffirait?

Le Père. N'importe qui.

Werner. Moi, par exemple?

Le Père. Par exemple.

Werner. Tout n'est pas parfait: cependant, il y a tant de rouages. Si l'un d'eux venait à grincer...

Le Père. Pour les rajustements, Gelber sera là. Un homme re-
marquable, tu sais. Et qui est chez nous depuis vingt-cinq ans.

Werner. Somme toute, j'ai de la chance. C'est lui qui com- 100
mandera.

Le Père. Gelber? Tu es fou! C'est ton employé: tu le paies
pour qu'il te fasse connaître les ordres que tu dois donner.

Werner (*un temps*). Oh, père, pas une fois dans votre vie, vous
ne m'aurez fait confiance. Vous me jetez à la tête de
l'entreprise parce que je suis votre seul héritier mâle,
mais vous avez eu d'abord la précaution de me transformer
en pot de fleurs.

Le Père (*riant tristement*). Un pot de fleurs! Et moi? Que
suis-je? Un chapeau au bout d'un mât. [*D'un air triste et* 110
doux, presque sénile.] La plus grande entreprise d'Europe...
C'est toute une organisation, n'est-ce pas, toute une
organisation...

Werner. Parfait. Si je trouve le temps long, je relirai mes
plaidoiries. Et puis nous voyagerons.

Le Père. Non.

Werner (*étonné*). C'est ce que je peux faire de plus discret.

Le Père (*impérieux et cassant*). Hors de question. [*Il regarde*
Werner et Leni.] A présent, écoutez-moi. L'héritage reste
indivis. Interdiction formelle de vendre ou de céder vos 120
parts à qui que ce soit. Interdiction de vendre ou de louer
cette maison. Interdiction de la quitter: vous y vivrez
jusqu'à la mort. Jurez. [*A Leni.*] Commence.

Leni (*souriante*). Honnêtement, je vous rappelle que les
serments ne m'engagent pas.

Le Père (*souriant aussi*). Va, va, Leni, je me fie à toi: donne
l'exemple à ton frère.

Leni (*s'approche de la Bible et tend la main*). Je... [*Elle lutte*
contre le fou rire.] Oh! et puis, tant pis: vous m'excuserez,
père, mais j'ai le fou rire. [*A Johanna, en aparté.*] Comme 130
chaque fois.

Le Père (*bonhomme*). Ris, mon enfant: je ne te demande que
de jurer.

47

Leni (*souriant*). Je jure sur la Sainte Bible d'obéir à vos
dernières volontés. [*Le Père la regarde en riant. A Werner.*]
A toi, chef de famille!

[*Werner a l'air absent.*

Le Père. Eh bien, Werner?

[*Werner lève brusquement la tête et regarde son père d'un air
traqué.*]   140

Leni (*sérieusement*). Délivre-nous, mon frère: jure et tout sera
fini.

[*Werner se tourne vers la Bible.*

Johanna (*d'une voix courtoise et tranquille*). Un instant, s'il
vous plaît. [*Le Père la regarde en feignant la stupeur pour
l'intimider; elle lui rend son regard sans s'émouvoir.*] Le
serment de Leni, c'était une farce: tout le monde riait;
quand vient le tour de Werner, personne ne rit plus.
Pourquoi?

Leni. Parce que votre mari prend tout au sérieux.   150

Johanna. Une raison de plus pour rire. [*Un temps.*] Vous le
guettiez, Leni.

Le Père (*avec autorité*). Johanna...

Johanna. Vous aussi, père, vous le guettiez.

Leni. Donc vous me guettiez aussi.

Johanna. Père, je souhaite que nous nous expliquions franchement.

Le Père (*amusé*). Vous et moi?

Johanna. Vous et moi. [*Le Père sourit. Johanna prend la Bible
et la transporte avec effort sur un meuble plus éloigné.*]   160
D'abord, causer; ensuite, jure qui voudra.

Leni. Werner! Tu laisseras ta femme te défendre?

Werner. Est-ce qu'on m'attaque?

Johanna (*au Père*). Je voudrais savoir pourquoi vous disposez
de ma vie?

Le Père (*désignant Werner*). Je dispose de la sienne parce
qu'elle m'appartient, mais je suis sans pouvoir sur la
vôtre.

Johanna (*souriant*). Croyez-vous que nous avons deux vies?

Vous êtes marié, pourtant. Aimiez-vous leur mère ?   170

Le Père. Comme il faut.

Johanna (souriant). Je vois. Elle en est morte. Nous, père, nous nous aimons plus qu'il ne faut. Tout ce qui nous concernait, nous en décidions ensemble. [*Un temps.*] S'il jure sous la contrainte, s'il s'enferme dans cette maison pour rester fidèle à son serment, il aura décidé sans moi et contre moi; vous nous séparez pour toujours.

Le Père (avec un sourire). Notre maison ne vous plaît pas ?

Johanna. Pas du tout.

[*Un silence.* 180

Le Père. De quoi vous plaignez-vous, ma bru ?

Johanna. J'ai épousé un avocat de Hambourg qui ne possédait que son talent. Trois ans plus tard, je me retrouve dans la solitude de cette forteresse, mariée à un constructeur de bateaux.

Le Père. Est-ce un sort si misérable ?

Johanna. Pour moi, oui. J'aimais Werner pour son indépendance et vous savez bien qu'il l'a perdue.

Le Père. Qui la lui a prise ?

Johanna. Vous.   190

Le Père. Il y a dix-huit mois, vous avez décidé ensemble de venir vous installer ici.

Johanna. Vous nous l'aviez demandé.

Le Père. Eh bien, si faute il y a, vous êtes complice.

Johanna. Je n'ai pas voulu lui donner à choisir entre vous et moi.

Le Père. Vous avez eu tort.

Leni (aimablement). C'est vous qu'il aurait choisi.

Johanna. Une chance sur deux. Cent chances sur cent pour qu'il déteste son choix.   200

Le Père. Pourquoi ?

Johanna. Parce qu'il vous aime. [*Le Père hausse les épaules d'un air maussade.*] Savez-vous ce que c'est qu'un amour sans espoir ?

[*Le Père change de visage. Leni s'en aperçoit.*

Leni (*vivement*). Et vous, Johanna, le savez-vous?

Johanna (*froidement*). Non. [*Un temps.*] Werner le sait, lui.

> [*Werner s'est levé; il marche vers la porte-fenêtre.*

Le Père (*à Werner*). Où vas-tu?

Werner. Je me retire. Vous serez plus à l'aise.   210

Johanna. Werner! C'est pour *nous* que je me bats.

Werner. Pour nous? [*Très bref.*] Chez les Gerlach, les femmes
se taisent.

> [*Il va pour sortir.*

Le Père (*doux et impérieux*). Werner! [*Werner s'arrête net.*]
Reviens t'asseoir.

[*Werner revient lentement à sa place et s'assied en leur tournant
le dos et en enfouissant sa tête dans ses mains pour marquer
qu'il refuse de prendre part à la conversation.*]

Werner. A Johanna!   220

Le Père. Bon! Eh bien, ma bru?

Johanna (*regard inquiet vers Werner*). Remettons cet entretien.
Je suis très fatiguée.

Le Père. Non, mon enfant; vous l'avez commencé: il faut le
terminer. [*Un temps, Johanna, désemparée, regarde Werner
en silence.*] Dois-je comprendre que vous refusez d'habiter
ici après ma mort?

Johanna (*presque suppliante*). Werner! [*Silence de Werner.
Elle change brusquement d'attitude.*] Oui, père. C'est ce que
je veux dire.   230

Le Père. Où logerez-vous?

Johanna. Dans notre ancien appartement.

Le Père. Vous retournerez à Hambourg?

Johanna. Nous y retournerons.

Leni. Si Werner le veut.

Johanna. Il le voudra.

Le Père. Et l'Entreprise? Vous acceptez qu'il en soit le chef?

Johanna. Oui, si c'est votre bon plaisir et si Werner a du
goût pour jouer les patrons de paille.

Le Père (*comme s'il réfléchissait*). Habiter à Hambourg…   240

Johanna (*avec espoir*). Nous ne vous demandons rien d'autre.

Est-ce que vous ne nous ferez pas cette unique concession?

Le Père (*aimable, mais définitif*). Non. [*Un temps.*] Mon fils demeurera ici pour y vivre et pour y mourir comme je fais et comme ont fait mon père et mon grand-père.

Johanna. Pourquoi?

Le Père. Pourquoi pas?

Johanna. La maison réclame des habitants?

Le Père. Oui.

Johanna (*brève violence*). Alors, qu'elle croule!   250

[*Leni éclate de rire.*

Leni (*courtoisement*). Voulez-vous que j'y mette le feu? Dans mon enfance, c'était un de mes rêves.

Le Père (*regarde autour de lui, amusé*). Pauvre demeure: est-ce qu'elle vaut tant de haine?... C'est à Werner qu'elle fait horreur?

Johanna. A Werner et à moi. Que c'est laid!

Leni. Nous le savons.

Johanna. Nous sommes quatre; à la fin de l'année nous serons trois. Est-ce qu'il nous faut trente-deux pièces encombrées?   260 Quand Werner est aux chantiers, j'ai peur.

Le Père. Et voilà pourquoi vous nous quitteriez? Ce ne sont pas des raisons sérieuses.

Johanna. Non.

Le Père. Il y en a d'autres?

Johanna. Oui.

Le Père Voyons cela...

Werner (*dans un cri*). Johanna, je te défends...

Johanna. Eh bien, parle toi-même!

Werner. A quoi bon? Tu sais bien que je lui obéirai!   270

Johanna. Pourquoi?

Werner. C'est le père. Ah! finissons-en.

[*Il se lève.*

Johanna (*se plaçant devant lui*). Non, Werner, non!

Le Père. Il a raison, ma bru. Finissons-en. Une famille, c'est une maison. Je vous demande à *vous* d'habiter cette maison parce que vous êtes entrée dans notre famille.

Johanna (*riant*). La famille a bon dos et ce n'est pas à elle que vous nous sacrifiez.

Le Père. A qui donc, alors ? 280

Werner. Johanna !

Johanna. A votre fils aîné.

[*Un long silence.*

Leni (*calmement*). Frantz est mort en Argentine, il y a près de quatre ans. [*Johanna lui rit au nez.*] Nous avons reçu le certificat de décès en 56 : allez à la mairie d'Altona, on vous l'y montrera.

Johanna. Mort ? Je veux bien : comment appeler la vie qu'il mène ? Ce qui est sûr, mort ou vif, c'est qu'il habite ici.

Leni. Non ! 290

Johanna (*geste vers la porte du premier étage*). Là-haut. Derrière cette porte.

Leni. Quelle folie ! Qui vous l'a racontée ?

[*Un temps. Werner se lève tranquillement. Dès qu'il s'agit de son frère, ses yeux brillent, il reprend de l'assurance.*]

Werner. Qui veux-tu que ce soit ? Moi.

Leni. Sur l'oreiller ?

Johanna. Pourquoi pas ?

Leni. Pfoui !

Werner. C'est ma femme. Elle a le droit de savoir ce que je 300 sais.

Leni. Le droit de l'amour ? Que vous êtes fades ? Je donnerais mon âme et ma peau pour l'homme que j'aimerais, mais je lui mentirais toute ma vie, s'il le fallait.

Werner (*violent*). Écoutez cette aveugle qui parle des couleurs. A qui mentirais-tu ? A des perroquets ?

Le Père (*impérieusement*). Taisez-vous tous les trois. [*Il caresse les cheveux de Leni.*] Le crâne est dur, mais les cheveux sont doux. [*Elle se dégage brutalement, il reste aux aguets.*] Frantz vit là-haut depuis treize ans ; il ne quitte pas sa 310 chambre et personne ne le voit sauf Leni qui prend soin de lui.

Werner. Et sauf vous.

Le Père. Sauf moi ? Qui t'a dit cela ? Leni ? Et tu l'as crue ?
Comme vous vous entendez, tous les deux, quand il
s'agit de me faire du mal. [*Un temps.*] Il y a treize ans que je
ne l'ai pas revu.

Werner (stupéfait). Mais pourquoi ?

Le Père (très naturellement). Parce qu'il ne veut pas me
recevoir.   320

Werner (désorienté). Ah, bon ! [*Un temps.*] Bon !

> [*Il revient à sa place.*

Le Père (à Johanna). Je vous remercie, mon enfant. Dans la
famille, voyez-vous, nous n'avons aucune prévention
contre la vérité. Mais chaque fois que c'est possible, nous
nous arrangeons pour qu'elle soit dite par un étranger.
[*Un temps.*] Donc, Frantz vit là-haut, malade et seul.
Qu'est-ce que cela change ?

Johanna. A peu près tout. [*Un temps.*] Soyez content, père : une
parente par alliance, une étrangère, dira la vérité pour vous.   330
Voilà ce que je sais : un scandale éclate en 46 — je ne sais
lequel, puisque mon mari était encore prisonnier en
France. Il semble qu'il y ait eu des poursuites judiciaires.
Frantz disparaît, vous le dites en Argentine ; en fait, il se
cache ici. En 56, Gelber fait un voyage éclair en Amérique
du Sud et rapporte un certificat de décès. Quelque temps
après, vous donnez l'ordre à Werner de renoncer à sa
carrière et vous l'installez ici, à titre de futur héritier. Je
me trompe ?

Le Père. Non. Continuez.   340

Johanna. Je n'ai plus rien à dire. Qui était Frantz, ce qu'il a
fait, ce qu'il est devenu, je l'ignore. Voici ma seule
certitude : si nous restions, ce serait pour lui servir
d'esclaves.

Leni (violente). C'est faux ! Je lui suffis.

Johanna. Il faut bien croire que non.

Leni. Il ne veut voir que moi !

Johanna. Cela se peut, mais le père le protège de loin et c'est
nous, plus tard, qui devrons le protéger. Ou le surveiller.

Peut-être serons-nous des esclaves-geôliers.   350

Leni (*outrée*). Est-ce que je suis sa geôlière?

Johanna. Qu'en sais-je? Si c'était vous — vous deux — qui l'aviez enfermé?

[*Un silence. Leni tire une clé de sa poche.*

Leni. Montez l'escalier et frappez. S'il n'ouvre pas, voici la clé.

Johanna (*prenant la clé*). Merci. [*Elle regarde Werner.*] Que dois-je faire, Werner?

Werner. Ce que tu veux. D'une manière ou d'une autre, tu verras que c'est un attrape-nigaud...   360

[*Johanna hésite puis gravit lentement l'escalier. Elle frappe à la porte. Une fois, deux fois. Une sorte de furie nerveuse la prend : grêle de coups contre la porte. Elle se retourne vers a salle et se dispose à descendre.*]

Leni (*tranquillement*). Vous avez la clé. [*Un temps. Johanna hésite, elle a peur. Werner est anxieux et agité. Johanna se maîtrise, introduit la clé dans la serrure et tente vainement d'ouvrir bien que la clé tourne.*] Eh bien?

Johanna. Il y a un verrou intérieur. On a dû le tirer.

[*Elle commence à redescendre.*   370

Leni. Qui l'a tiré? Moi?

Johanna. Il y a peut-être une autre porte.

Leni. Vous savez bien que non. Ce pavillon est isolé. Si quelqu'un a mis le verrou, ce ne peut être que Frantz. [*Johanna est arrivée en bas de l'escalier.*] Alors? Nous le séquestrons, le pauvre.?

Johanna. Il y a bien des façons de séquestrer un homme. La meilleure est de s'arranger pour qu'il se séquestre lui-même.

Leni. Comment fait-on?   380

Johanna. On lui ment.

[*Elle regarde Leni qui semble déconcertée.*

Le Père (*à Werner, vivement*). Tu as plaidé dans des affaires de ce genre?

Werner. Quelles affaires?

Le Père. Séquestration.

Werner (la gorge serrée). Une fois.

Le Père. Bien. Suppose qu'on perquisitionne ici: le parquet se saisira de l'affaire, n'est-ce pas?

Werner (pris au piège). Pourquoi perquisitionnerait-on? En 390 treize ans cela ne s'est jamais produit. [*Un silence.*

Le Père. J'étais là.

Leni (à Johanna). Et puis, je conduis trop vite, vous me l'avez dit. Je peux faire la rencontre d'un arbre. Que deviendrait Frantz?

Johanna. S'il a sa raison, il appelle les domestiques.

Leni. Il a sa raison, mais il ne les appellera pas. [*Un temps.*] On apprendra la mort de mon frère par le nez! [*Un temps.*] Ils enforceront la porte et le trouveront sur le parquet, au millieu des coquilles. 400

Johanna. Quelles coquilles?

Leni. Il aime les huîtres.

Le Père (à Johanna, amicalement). Écoutez-la, ma bru. S'il meurt, c'est le scandale du siècle. [*Elle se tait.*] Le scandale du siècle, Johanna...

Johanna (durement). Que vous importe? Vous serez sous terre.

Le Père (souriant). Moi, oui. Pas vous. Venons à cette affaire de 46. Est-ce qu'il y a prescription? Réponds! C'est ton métier. 410

Werner. Je ne connais pas le délit.

Le Père. Au mieux: coups et blessures; au pis: tentative de meurtre.

Werner (gorge nouée). Pas de prescription.

Le Père. Eh bien, tu sais ce qui nous attend: complicité dans une tentative de meurtre, faux et usage de faux, séquestration.

Werner. Un faux? Quel faux?

Le Père (riant). Le certificat de décès, voyons! Il m'a coûté assez cher. [*Un temps.*] Qu'en dis-tu, l'avocat? C'est la 420 cour d'assises? [*Werner se tait.*

Johanna. Werner, le tour est joué. A nous de choisir: nous serons les domestiques du fou qu'ils te préfèrent ou nous nous assoirons sur le banc des accusés. Quel est ton choix? Le mien est fait: la cour d'assises. Mieux vaut la prison à terme que le bagne à perpétuité. [*Un temps.*] Eh bien?

> [*Werner se tait. Elle fait un geste de découragement.*

Le Père (*chaleureusement*). Mes enfants, je tombe des nues. Un chantage! Des pièges! Tout sonne faux! Tout est forcé. Mon fils, je ne te demande qu'un peu de pitié pour ton frère. Il y a des circonstances que Leni ne peut affronter seule. Pour le reste vous serez libres comme l'air. Vous verrez: tout finira bien. Frantz ne vivra pas très longtemps, j'en ai peur: une nuit, vous l'ensevelirez dans le parc; avec lui disparaîtra le dernier des *vrais* von Gerlach... [*Geste de Werner.*] ...je veux dire le dernier monstre. Vous deux vous êtes sains et normaux. Vous aurez des enfants normaux qui habiteront où ils voudront. Restez, Johanna! pour les fils de Werner. Ils hériteront de l'Enterprise: c'est une puissance fabuleuse et vous n'avez pas le droit de les en priver.

Werner (*sursautant, les yeux durs et brillants*). Hein? [*Tout le monde le regarde.*] Vous avez bien dit: pour les fils de Werner? [*Le Père étonné fait un signe affirmatif. Triomphant.*] La voilà, Johanna, la voilà la fausse manœuvre. Werner et ses enfants, père, vous vous en foutez. Vous vous en foutez! Vous vous en foutez! [*Johanna se rapproche de lui. Un temps.*] Même si vous viviez assez longtemps pour voir mon premier fils, il vous répugnerait parce que ce serait la chair de ma chair et que je vous ai répugné dans ma chair du jour où je suis né! [*A Johanna.*] Pauvre père! Quel gâchis! Les enfants de Frantz, il les aurait adorés.

Johanna (*impérieusement*). Arrête! Tu t'écoutes parler. Nous sommes perdus si tu te prends en pitié.

Werner. Au contraire: je me délivre. Qu'est-ce que tu veux? Que je les envoie promener?

Johanna. Oui.

Werner (*riant*). A la bonne heure.

Johanna. Dis-leur *non.* Sans cris, sans rire. Tout simplement: 460
non.

[*Werner se tourne vers le Père et Leni. Ils le regardent en silence.*

Werner. Ils me regardent.

Johanna. Eh bien? [*Werner hausse les épaules et va se rasseoir.
Avec une profonde lassitude.*] Werner!

[*Il ne la regarde plus. Un long silence.*

Le Père (*discrètement triomphant*). Eh bien, ma bru?

Johanna. Il n'a pas juré.

Le Père. Il y vient. Les faibles servent les forts: c'est la
loi.   470

Johanna (*blessée*). Qui est fort, selon vous? Le demi-fou,
là-haut plus désarmé qu'un nourrisson, ou mon mari que
vous avez abandonné et qui s'est tiré d'affaire seul?

Le Père. Werner est faible, Frantz est fort: personne n'y
peut rien.

Johanna. Qu'est-ce qu'ils font sur terre, les forts?

Le Père. En général, ils ne font rien.

Johanna. Je vois.

Le Père. Ce sont des gens qui vivent par nature dans l'intimité
de la mort. Ils tiennent le destin des autres dans leurs 480
mains.

Johanna. Frantz est ainsi?

Le Père. Oui.

Johanna. Qu'en savez-vous, après treize ans?

Le Père. Nous sommes quatre ici dont il est le destin sans
même y penser.

Johanna. A quoi pense-t-il donc?

Leni (*ironique et brutale, mais sincère*). A des crabes.

Johanna (*ironique*). Toute la journée?

Leni. C'est très absorbant.   490

Johanna. Quelles vieilleries! Elles ont l'âge de vos meubles.
Voyons! Vous n'y croyez pas.

Le Père (*souriant*). Je n'ai que six mois de vie, ma bru: c'est trop court pour croire à quoi que ce soit. [*Un temps.*] Werner y croit, lui.

Werner. Vous faites erreur, père. C'étaient vos idées, non les miennes et vous me les avez inculquées. Mais puisque vous les avez perdues en cours de route, vous ne trouverez pas mal que je m'en sois délivré. Je suis un homme comme les autres. Ni fort, ni faible; n'importe qui. Je ₅₀₀ tâche de vivre. Et Frantz, je ne sais pas si je le reconnaîtrais encore, mais je suis sûr que c'est n'importe qui. [*Il montre les photos de Frantz à Johanna.*] Qu'a-t-il de plus que moi? [*Il le regarde, fasciné.*] Il n'est même pas beau!

Leni (*ironique*). Eh non! Même pas!

Werner (*toujours fasciné, faiblissant déjà*). Et quand je serais né pour le servir? Il y a des esclaves qui se révoltent. Mon frère ne sera pas mon destin.

Leni. Tu préfères que ce soit ta femme? ₅₁₀

Johanna. Vous me comptez parmi les forts?

Leni. Oui.

Johanna. Quelle idée singulière! Pourquoi donc?

Leni. Vous étiez actrice, n'est-ce pas? Une star?

Johanna. En effet. Et puis, j'ai raté ma carrière. Après?

Leni. Après? Eh bien, vous avez épousé Werner: depuis, vous ne faites rien et vous pensez à la mort.

Johanna. Si vous cherchez à l'humilier, vous perdez votre peine. Quand il m'a rencontrée, j'avais quitté la scène et le plateau pour toujours, j'étais folle: il peut être fier ₅₂₀ de m'avoir sauvée.

Leni. Je parie qu'il ne l'est pas.

Johanna (*à Werner*). A toi de parler.

[*Un silence. Werner ne répond pas.*

Leni. Comme vous l'embarrassez, le pauvre. [*Un temps.*] Johanna, l'auriez-vous choisi sans votre échec? Il y a des mariages qui sont des enterrements.

[*Johanna veut répondre. Le Père l'interrompt.*

Le Père. Leni! [*Il lui caresse la tête, elle se dérobe avec colère.*]

Tu te surpasses, ma fille. Si j'étais vaniteux, je croirais 530
que ma mort t'exaspère.

Leni (*vivement*). N'en doutez pas, mon père. Vous voyez bien
qu'elle compliquera le service.

Le Père (*se mettant à rire, à Johanna*). N'en veuillez pas à
Leni, mon enfant. Elle veut dire que nous sommes de la
même espèce: vous, Frantz et moi. [*Un temps.*] Vous me
plaisez, Johanna. Parfois, il m'a semblé que vous me
pleureriez. Vous serez bien la seule.   [*Il lui sourit.*

Johanna (*brusquement*). Si vous avez encore des soucis de
vivant et si j'ai la chance de vous plaire, comment osez- 540
vous humilier mon mari devant moi? [*Le Père hoche la
tête sans répondre.*] Êtes-vous de ce côté-ci de la mort?

Le Père. De ce côté, de l'autre: cela ne fait plus de différence.
Six mois: je ne suis pas un vieillard d'avenir. [*Il regarde
dans le vide et parle pour lui-même.*] L'Enterprise croîtra
sans cesse, les investissements privés ne suffiront plus,
il faudra que l'État y mette son nez; Frantz restera là-haut
dix ans, vingt ans. Il souffrira…

Leni (*péremptoire*). Il ne souffre pas.

Le Père (*sans l'entendre*). Ma mort, à présent, c'est ma vie qui 550
continue sans que je sois dedans. [*Un silence. Il s'est
assis, tassé, le regard fixe.*] Il aura des cheveux gris… la
mauvaise graisse des prisonniers…

Leni (*violemment*). Taisez-vous!

Le Père (*sans l'entendre*). C'est insupportable.
                                        [*Il a l'air de souffrir.*

Werner (*lentement*). Serez-vous moins malheureux si nous
restons ici?

Johanna (*vite*). Prends garde!

Werner. A quoi? C'est mon père, je ne veux pas qu'il souffre. 560

Johanna. Il souffre pour l'autre.

Werner. Tant pis.

[*Il va prendre la Bible et la rapporte sur la table où Leni l'avait
posée.*]

Johanna (*même jeu*). Il te joue la comédie.

Werner (*mauvais, ton plein de sous-entendus*). Et toi? Tu ne me la joues pas? [*Au Père.*] Répondez... Serez-vous moins malheureux...

Le Père. Je ne sais pas.

Werner (*au Père*). Nous verrons bien.   570

[*Un temps. Ni le Père ni Leni ne font un geste. Ils attendent, aux aguets.*]

Johanna. Une question. Une seule question et tu feras ce que tu voudras.

               [*Werner la regarde, d'un air sombre et buté.*

Le Père. Attends un peu, Werner. [*Werner s'écarte de la Bible avec un grognement qui peut passer pour un acquiescement.*] Quelle question, ma bru?

Johanna. Pourquoi Frantz s'est-il séquestré?

Le Père. Cela fait beaucoup de questions en une.   580

Johanna. Racontez-moi ce qui s'est passé.

Le Père (*ironie légère*). Eh bien, il y a eu la guerre.

Johanna. Oui, pour tout le monde. Est-ce que les autres se cachent?

Le Père. Ceux qui se cachent, vous ne les voyez pas.

Johanna. Donc, il s'est battu?

Le Père. Jusqu'au bout.

Johanna. Sur quel front?

Le Père. En Russie.

Johanna. Quand est-il revenu?   590

Le Père. Pendant l'automne de 46.

Johanna. C'est tard. Pourquoi?

Le Père. Son régiment s'est fait anéantir. Frantz est revenu à pied, en se cachant, à travers la Pologne et l'Allemagne occupée. Un jour on a sonné. [*Sonnerie lointaine et comme effacée.*] C'était lui.

[*Frantz apparaît au fond, derrière son père, dans une zone de pénombre. Il est en civil, il a l'air jeune; vingt-trois ou vingt-quatre ans.*

Johanna, Werner et Leni, dans ce flash-back *et dans le* 600 *suivant, ne verront pas le personnage évoqué. Seuls ceux qui font l'évocation—le Père dans ces deux premières scènes-souvenirs, Leni et le Père dans la troisième—se tournent vers ceux qu'ils évoquent alors qu'ils ont à leur parler. Le ton et le jeu des personnages qui jouent une scène-souvenir doivent comporter une sorte de recul, de "distanciation" qui, même dans la violence, distingue le passé du présent. Pour le moment personne ne voit Frantz, pas même le Père.*

Frantz porte une bouteille de champagne débouchée dans la main droite ; on ne la distinguera que lorsqu'il aura l'occasion 610 *de boire. Une coupe à champagne, posée près de lui sur une console, est dissimulée par des bibelots. Il la prendra lorsqu'il devra boire.*]

Johanna. Il s'est enfermé tout de suite?

Le Père. Dans la maison, tout de suite; dans sa chambre, un an plus tard.

Johanna. Pendant cette année-là, vous l'avez vu tous les jours?

Le Père. A peu près.

Johanna. Que faisait-il?

Le Père. Il buvait. 620

Johanna. Et qu'est-ce qu'il disait?

Frantz (*d'une voix lointaine et mécanique*). Bonjour. Bonsoir. Oui. Non.

Johanna. Rien de plus.

Le Père. Rien, sauf un jour. Un déluge de mots. Je n'y ai rien compris. [*Rire amer.*] J'étais dans la bibliothèque et j'écoutais la radio.

[*Crépitements de radio, indicatif répété. Tous ces bruits semblent ouatés.*]

Voix d'un Speaker. Chers auditeurs, voici nos informations: 630 A Nuremberg, le tribunal des Nations condamne le maréchal Gœring…

[*Frantz va éteindre le poste. Il reste dans la zone de pénombre quand il doit se déplacer.*]

Le Père (*se retournant en sursaut*). Qu'est-ce que tu fais? [*Frantz le regarde avec des yeux morts.*] Je veux connaître la sentence.

Frantz (d'un bout à l'autre de la scène, voix cynique et sombre).
Pendu jusqu'à ce que mort s'ensuive.

[*Il boit.* 640

Le Père. Qu'en sais-tu? [*Silence de Frantz. Le Père se retourne
vers Johanna.*] Vous ne lisiez pas les journaux de l'époque?

Johanna. Guère. J'avais douze ans.

Le Père. Ils étaient tous aux mains des Alliés. 'Nous sommes
allemands, donc nous sommes coupables; nous sommes
coupables parce que nous sommes allemands.' Chaque
jour, à chaque page. Quelle obsession! [*A Frantz.*]
Quatre-vingts millions de criminels: quelle connerie!
Au pire, il y en a eu trois douzaines. Qu'on les pende, et
qu'on nous réhabilite: ce sera la fin d'un cauchemar. 650
[*Autoritaire.*] Fais-moi le plaisir de rallumer le poste.
[*Frantz boit sans bouger. Sèchement.*] Tu bois trop. [*Frantz
le regarde avec une telle dureté que le Père se tait, décontenancé. Un silence puis le Père reprend avec un désir passionné
de comprendre.*] Qu'est-ce qu'on gagne à réduire un peuple
au désespoir? Qu'ai-je fait, moi, pour mériter le mépris de
l'univers? Mes opinions sont pourtant connues. Et toi,
Frantz, toi qui t'es battu jusqu'au bout? [*Frantz rit
grossièrement.*] Tu es nazi?

Frantz. Foutre non! 660

Le Père. Alors, choisis: laisse condamner les responsables ou
fais retomber leurs fautes sur l'Allemagne entière.

Frantz (sans un geste, éclate d'un rire sauvage et sec). Ha!
[*Un temps.*] Ça revient au même.

Le Père. Es-tu fou?

Frantz. Il y a deux façons de détruire un peuple: on le
condamne en bloc ou bien on le force à renier les chefs
qu'il s'est donnés. La seconde est la pire.

Le Père. Je ne renie personne et les nazis ne sont pas mes
chefs: je les ai subis. 670

Frantz. Tu les as supportés.

Le Père. Que diable voulais-tu que je fasse?

Frantz. Rien.

Le Père. Quant à Gœring, je suis sa victime. Va te promener dans nos chantiers. Douze bombardements, plus un hangar debout: voilà comment il les a protégés.

Frantz (brutalement). Je *suis* Gœring. S'ils le pendent, c'est moi le pendu.

Le Père. Gœring te répugnait!

Frantz. J'ai obéi.   680

Le Père. A tes chefs militaires, oui.

Frantz. A qui obéissaient-ils? [*Riant.*] Hitler, nous le haïssions, d'autres l'aimaient: où est la différence? Tu lui as fourni des bateaux de guerre et je lui ai fourni des cadavres. Dis, qu'aurions-nous fait de plus, si nous l'avions adoré?

Le Père. Alors? Tout le monde est coupable?

Frantz. Nom de Dieu, non! Personne. Sauf les chiens couchants qui acceptent le jugement des vainqueurs. Beaux vainqueurs! On les connaît: en 1918, c'étaient les mêmes, avec les mêmes hypocrites vertus. Qu'ont-ils fait 690 de nous, depuis lors? Qu'ont-ils fait d'eux? Tais-toi: c'est aux vainqueurs de prendre l'histoire en charge. Ils l'ont prise et ils nous ont donné Hitler. Des juges? Ils n'ont jamais pillé, massacré, violé? La bombe sur Hiroshima, est-ce Gœring qui l'a lancée? S'ils font notre procès, qui fera le leur? Ils parlent de nos crimes pour justifier celui qu'ils préparent en douce: l'extermination systématique du peuple allemand. [*Brisant la coupe contre la table.*] Tous innocents devant l'ennemi. Tous: vous, moi, Gœring et les autres.   700

Le Père (criant). Frantz! [*La lumière baisse et s'éteint autour de Frantz; il disparaît.*] Frantz! [*Un bref silence. Il se tourne lentement vers Johanna et rit doucement.*] Je n'y ai rien compris. Et vous?

Johanna. Rien. Après?

Le Père. C'est tout.

Johanna. Il faudrait pourtant choisir: tous innocents ou tous coupables?

Le Père. Il ne choisissait pas.

Johanna (*elle rêve un instant, puis*). Cela n'a pas de sens.   710

Le Père. Peut-être que si... Je ne sais pas.

Leni (*vivement*). Ne cherchez pas trop loin, Johanna. Gœring et l'aviation de guerre, mon frère s'en souciait d'autant moins qu'il servait dans l'infanterie. Pour lui, il y avait des coupables et des innocents, mais ce n'étaient pas les mêmes. [*Au Père, qui veut parler.*] Je sais: je le vois tous les jours. Les innocents avaient vingt ans, c'étaient les soldats; les coupables en avaient cinquante, c'étaient leurs pères.

Johanna. Je vois.

Le Père. (*Il a perdu sa bonhomie détendue, quand il parle de* 720 *Frantz il met de la passion dans sa voix.*) Vous ne voyez rien du tout: elle ment.

Leni. Père! Vous savez bien que Frantz vous déteste.

Le Père (*avec force, à Johanna*). Frantz m'a aimé plus que personne.

Leni. Avant la guerre.

Le Père. Avant, après.

Leni. Dans ce cas, pourquoi dites-vous: il m'a aimé?

Le Père (*interdit*). Eh bien, Leni... Nous parlions du passé.

Leni. Ne vous corrigez donc pas: vous avez livré votre pensée. 730 [*Un temps.*] Mon frère s'est engagé à dix-huit ans. Si le père veut bien nous dire pourquoi, vous comprendrez mieux l'histoire de cette famille.

Le Père. Dis-le toi-même, Leni: je ne t'ôterai pas ce plaisir.

Werner (*s'efforçant au calme*). Leni, je te préviens: si tu mentionnes un seul fait qui ne soit pas à l'honneur du père, je quitte cette pièce à l'instant.

Leni. Tu as si peur de me croire?

Werner. On n'insultera pas mon père devant moi.

Le Père (*à Werner*). Calme-toi, Werner: c'est moi qui vais 740 parler. Depuis le début de la guerre, l'État nous passait des commandes. La flotte, c'est nous qui l'avons faite. Au printemps 41, le gouvernement m'a fait savoir qu'il désirait m'acheter certains terrains dont nous n'avions pas l'emploi. La lande derrière la colline: tu la connais.

Leni. Le gouvernement, c'était Himmler. Il cherchait un emplacement pour un camp de concentration.

[*Un silence lourd.*

Johanna. Vous le saviez?

Le Père (avec calme). Oui.   750

Johanna. Et vous avez accepté?

Le Père (sur le même ton). Oui. [*Un temps.*] Frantz a découvert les travaux. On m'a rapporté qu'il rôdait le long des barbelés.

Johanna. Et puis?

Le Père. Rien. Le silence. C'est lui qui l'a rompu. Un jour de juin 41. [*Le Père se tourne vers lui et le regarde attentivement tout en continuant la conversation avec Werner et Johanna.*] J'ai vu tout de suite qu'il avait fait une gaffe. Cela ne pouvait pas tomber plus mal: Gœbbels et l'amiral Dœnitzse trouvaient à Hambourg et devaient visiter mes   760 nouvelles installations.

Frantz (voix jeune et douce, affectueuse mais inquiète). Père, je voudrais vous parler.

Le Père (le regardant). Tu as été là-bas?

Frantz. Oui. [*Avec horreur, brusquement.*] Père, ce ne sont plus des hommes.

Le Père. Les gardiens?

Frantz. Les détenus. Je me dégoûte mais ce sont eux qui me font horreur. Il y a leur crasse, leur vermine, leurs plaies. [*Un temps.*] Ils ont tout le temps l'air d'avoir peur.   770

Le Père. Ils sont ce qu'on a fait d'eux.

Frantz. On ne ferait pas cela de moi.

Le Père. Non?

Frantz. Je tiendrais le coup.

Le Père. Qui te prouve qu'ils ne le tiennent pas?

Frantz. Leurs yeux.

Le Père. Si tu étais à leur place, tu aurais les mêmes.

Frantz. Non. [*Avec une certitude farouche.*] Non.

[*Le Père le regarde attentivement.*

Le Père. Regarde-moi. [*Il lui a levé le menton et plonge son*   780 *regard dans ses yeux.*] D'où cela te vient-il?

Frantz. Quoi?

Le Père. La peur d'être enfermé.

Frantz. Je n'en ai pas peur.

Le Père. Tu le souhaites?

Frantz. Je... Non.

Le Père. Je vois. [*Un temps.*] Ces terrains, je n'aurais pas dû les vendre?

Frantz. Si vous les avez vendus, c'est que vous ne pouviez pas agir autrement.   790

Le Père. Je le pouvais.

Frantz (*stupéfait*). Vous pouviez refuser?

Le Père. Certainement. [*Frantz a un mouvement violent.*] Eh bien quoi? Tu n'as plus confiance en moi.

Frantz (*acte de foi, se dominant*). Je sais que vous m'expliquerez.

Le Père. Qu'y a-t-il à expliquer? Himmler a des prisonniers à caser. Si j'avais refusé mes terrains, il en aurait acheté d'autres.

Frantz. A d'autres.   800

Le Père. Justement. Un peu plus à l'ouest, un peu plus à l'est, les mêmes prisonniers souffriraient sous les mêmes kapos et je me serais fait des ennemis au sein du gouvernement.

Frantz (*obstiné*). Vous ne deviez pas vous mêler de cette affaire.

Le Père. Et pourquoi donc?

Frantz. Parce que vous êtes vous.

Le Père. Et pour te donner la joie pharisienne de t'en laver les mains, petit puritain.   810

Frantz. Père, vous me faites peur: vous ne souffrez pas assez de la souffrance des autres.

Le Père. Je me permettrai d'en souffrir quand j'aurai les moyens de la supprimer.

Frantz. Vous ne les aurez jamais.

Le Père. Alors, je n'en souffrirai pas: c'est du temps perdu. Est-ce que tu en souffres, toi? Allons donc! [*Un temps.*]

Tu n'aimes pas ton prochain, Frantz, sinon tu n'oserais pas mépriser ces détenus.

Frantz (*blessé*). Je ne les méprise pas. 820

Le Père. Tu les méprises. Parce qu'ils sont sales et parce qu'ils ont peur. [*Il se lève et marche vers Johanna.*] Il croyait encore à la dignité humaine.

Johanna. Il avait tort?

Le Père. Cela, ma bru, je n'en sais rien. Tout ce que je peux vous dire, c'est que les Gerlach sont des victimes de Luther: ce prophète nous a rendus fous d'orgueil. [*Il revient lentement à sa place première et montre Frantz à Johanna.*] Frantz se promenait sur les collines en discutant avec lui-même et, quand sa conscience avait dit oui, vous 830 l'auriez coupé en morceaux sans le faire changer d'avis. J'étais comme lui, à son âge.

Johanna (*ironique*). Vous aviez une conscience?

Le Père. Oui. Je l'ai perdue: par modestie. C'est un luxe de prince. Frantz pouvait se le permettre: quand on ne fait rien, on croit qu'on est responsable de tout. Moi, je travaillais. [*A Frantz.*] Qu'est-ce que tu veux que je te dise? Que Hitler et Himmler sont des criminels? Eh bien, voilà: je te le dis. [*Riant.*] Opinion strictement personnelle et parfaitement inutilisable. 840

Frantz. Alors? Nous sommes impuissants?

Le Père. Oui, si nous choisissons l'impuissance. Tu ne peux rien pour les hommes si tu passes ton temps à les condamner devant le Tribunal de Dieu. [*Temps.*] Quatre-vingt mille travailleurs depuis mars. Je m'étends, je m'étends! Mes chantiers poussent en une nuit. J'ai le plus formidable pouvoir.

Frantz. Bien sûr: vous servez les nazis.

Le Père. Parce qu'ils me servent. Ces gens-là c'est la plèbe sur le trone. Mais ils font la guerre pour nous trouver 850 des marchés et je n'irai pas me brouiller avec eux pour une affaire de terrains.

Frantz (*têtu*). Vous ne deviez pas vous en mêler.

Le Père. Petit prince! Petit prince! Tu veux porter le monde
sur tes épaules? Le monde est lourd et tu ne le connais pas.
Laisse. Occupe-toi de l'entreprise: aujourd'hui la mienne,
demain la tienne; mon corps et mon sang, ma puissance,
ma force, ton avenir. Dans vingt ans tu seras le maître
avec des bateaux sur toutes les mers, et qui donc se
souviendra de Hitler? [*Un temps.*] Tu es un abstrait.   860

Frantz. Pas tant que vous le croyez.

Le Père. Ah! [*Il le regarde attentivement.*] Qu'as-tu fait? Du mal?

Frantz (*fièrement*). Non.

Le Père. Du bien? [*Un long silence.*] Nom de Dieu! [*Un temps.*]
Alors? C'est grave?

Frantz. Oui.

Le Père. Mon petit prince, ne crains rien, j'arrangerai cela.

Frantz. Pas cette fois-ci.

Le Père. Cette fois comme les autres fois. [*Un temps.*] Eh bien?
[*Un temps.*] Tu veux que je t'interroge? [*Il réfléchit.*] Cela   870
concerne les nazis? Bon. Le camp? Bon. [*Illumine.*] Le
Polonais! [*Il se lève et marche avec agitation. A Johanna.*]
C'était un rabbin polonais: il s'était évadé la veille et le
commandant du camp nous l'avait notifié. [*A Frantz.*] Où
est-il?

Frantz. Dans ma chambre.   [*Un temps.*

Le Père. Où l'as-tu trouvé, celui-là?

Frantz. Dans le parc: il ne se cachait même pas. Il s'est
évadé par folie; à présent, il a peur. S'ils mettent la main
sur lui?...   880

Le Père. Je sais. [*Un temps.*] Si personne ne l'a vu, l'affaire est
réglée. Nous le ferons filer en camion sur Hambourg.
[*Frantz reste tendu.*] On l'a vu? Bien. Qui?

Frantz. Fritz.

Le Père (*à Johanna, sur le ton de la conversation*). C'était notre
chauffeur, un vrai nazi.

Frantz. Il a pris l'auto ce matin en disant qu'il allait au garage
d'Altona. Il n'est pas encore revenu. [*Avec une pointe de
fierté.*] Suis-je si abstrait?

68

Le Père (souriant). Plus que jamais. [*D'une voix changée.*] 890
Pourquoi l'as-tu mis dans ta chambre? Pour me racheter?
[*Un silence.*] Réponds: c'est pour moi.

Frantz. C'est pour nous. Vous, c'est moi.

Le Père. Oui. [*Un temps.*] Si Fritz t'a dénoncé...

Frantz (enchaînant). Ils viendront. Je sais.

Le Père. Monte dans la chambre de Leni et tire le verrou.
C'est un ordre. J'arrangerai tout. [*Frantz le regarde avec
défiance.*] Quoi?

Frantz. Le prisonnier...

Le Père. J'ai dit: tout. Le prisonnier est sous mon toit. Va. 900
　　　　　　[*Frantz disparaît. Le Père se rassied.*

Johanna. Ils sont venus?

Le Père. Quarante-cinq minutes plus tard.

[*Un S.S. paraît au fond. Deux hommes derrière lui, immobiles et
muets.*]

Le S.S. Heil Hitler.

Le Père (dans le silence). Heil. Qui êtes-vous et que voulez-vous?

Le S.S. Nous venons de trouver votre fils dans sa chambre
avec un détenu évadé qu'il y cache depuis hier soir.

Le Père. Dans sa chambre? [*A Johanna.*] Il n'avait pas voulu 910
s'enfermer chez Leni, le brave gosse. Il avait pris tous les
risques. Bon. Après?

Le S.S. Est-ce que vous avez compris?

Le Père. Très bien: mon fils vient de commettre une grave
étourderie.

Le S.S. (indignation stupéfaite). Une quoi? [*Un temps.*]
Levez-vous quand je vous parle.

　　　　　　　　　　　　　[*Sonnerie de téléphone.*

Le Père (sans se lever). Non.

[*Il décroche le récepteur et sans même demander qui appelle, il le* 920
tend au S.S. Celui-ci le lui arrache.]

Le S.S. (au téléphone). Allô? Oh! [*Claquement de talons.*] Oui.
Oui. Oui. A vos ordres. [*Il écoute et regarde le Père avec
stupéfaction.*] Bien. A vos ordres. [*Claquement de talons.
Il raccroche.*]

Le Père (*dur, sans sourire*). Une étourderie, n'est-ce pas?

Le S.S. Rien d'autre.

Le Père. Si vous aviez touché un seul cheveu de sa tête…

Le S.S. Il s'est jeté sur nous.

Le Père (*surpris et inquiet*). Mon fils? [*Le S.S. fait un geste* 930 *d'acquiescement.*] Et vous l'avez frappé?

Le S.S. Non. Je vous le jure. Maîtrisé…

Le Père (*réfléchissant*). Il s'est jeté sur vous! Ce n'est pas sa manière, il a fallu que vous le provoquiez. Qu'avez-vous fait? [*Silence du S.S.*] Le prisonnier! [*Il se lève.*] Sous ses yeux? Sous les yeux de mon fils? [*Colère blanche, mais terrible.*] Il me semble que vous avez fait du zèle. Votre nom?

Le S.S. (*piteusement*). Hermann Aldrich.

Le Père. Hermann Aldrich! Je vous donne ma parole que vous 940 vous rappellerez le 23 juin 1941 toute votre vie. Allez.

[*Le S.S. disparaît.*

Johanna. Il se l'est rappelé?

Le Père (*souriant*). Je crois. Mais sa vie n'a pas été très longue.

Johanna. Et Frantz?

Le Père. Relâché sur l'heure. A la condition qu'il s'engage. L'hiver suivant, il était lieutenant sur le front russe. [*Un temps.*] Qu'y a-t-il?

Johanna. Je n'aime pas cette histoire. 950

Le Père. Je ne dis pas qu'elle soit aimable. [*Un temps.*] C'était en 41, ma bru.

Johanna (*sèchement*). Alors?

Le Père. Il fallait survivre.

Johanna. Le Polonais n'a pas survécu.

Le Père (*indifférent*). Non. Ce n'est pas ma faute.

Johanna. Je me le demande.

Werner. Johanna!

Johanna. Vous disposiez de quarante-cinq minutes. Qu'avez-vous fait pour sauver votre fils? 960

Le Père. Vous le savez fort bien.

Johanna. Gœbbels était à Hambourg et vous lui avez téléphoné.

Le Père. Oui.

Johanna. Vous lui avez appris qu'un détenu s'était évadé et vous l'avez supplié de se montrer indulgent pour votre fils.

Le Père. J'ai demandé aussi qu'on épargnât la vie du prisonnier.

Johanna. Cela va de soi. [*Un temps.*] Quand vous avez téléphoné à Gœbbels...

Le Père. Eh bien?

Johanna. Vous ne pouviez pas *savoir* que le chauffeur avait 970 dénoncé Frantz.

Le Père. Allons donc! Il nous espionnait sans cesse.

Johanna. Oui, mais il se peut qu'il n'ait rien vu et qu'il ait pris l'auto pour un tout autre motif.

Le Père. Cela se peut.

Johanna. Naturellement, vous ne lui avez rien demandé.

Le Père. A qui?

Johanna. A ce Fritz? [*Le Père hausse les épaules.*] Où est-il à présent?

Le Père. En Italie, sous une croix de bois. 980

Johanna (*un temps*). Je vois. Eh bien; nous n'en aurons jamais le cœur net. Si ce n'est pas Fritz qui a livré le prisonnier, il faut que ce soit vous.

Werner (*avec violence*). Je te défends...

Le Père. Ne crie pas tout le temps, Werner. [*Werner se tait.*] Vous avez raison, mon enfant. [*Un temps.*] Quand j'ai pris l'appareil, je me suis dit, une chance sur deux!

[*Un temps.*

Johanna. Une chance sur deux de faire assassiner un Juif. [*Un temps.*] Cela ne vous empêche jamais de dormir? 990

Le Père (*tranquillement*). Jamais.

Werner (*au Père*). Père, je vous approuve sans réserve. Toutes les vies se valent. Mais, s'il faut choisir, je pense que le fils passe d'abord.

Johanna (*doucement*) Il ne s'agit pas de ce que tu penses, Werner, mais de ce que Frantz a pu penser. Qu'a-t-il pensé, Leni?

Leni (*souriant*). Vous connaissez pourtant les von Gerlach, Johanna.

Johanna. Il s'est tu ? 1000

Leni. Il est parti sans avoir ouvert la bouche et ne nous a jamais écrit. [*Un temps.*

Johanna (*au Père*). Vous lui aviez dit : j'arrangerai tout, et il vous avait fait confiance. Comme toujours.

Le Père. J'ai tenu parole : le prisonnier, j'avais obtenu qu'il ne soit pas puni. Pouvais-je m'imaginer qu'ils le tueraient devant mon fils ?

Johanna. C'était en 41, père. En 41, il était prudent de tout imaginer. [*Elle s'approche des photos et les regarde. Un temps. Elle regarde toujours le portrait.*] C'était un petit 1010 puritain, une victime de Luther, qui voulait payer de son sang les terrains que vous aviez vendus. [*Elle se retourne vers le Père.*] Vous avez tout annulé. Il n'est resté qu'un jeu pour gosse de riches. Avec danger de mort, bien sûr : mais pour le partenaire... il a compris qu'on lui permettait tout parce qu'il ne comptait pour rien.

Le Père (*illuminé, la désignant*). Voilà la femme qu'il lui fallait.

[*Werner et Leni lui font face brusquement.*

Werner (*furieux*). Quoi ?

Leni. Père, quel mauvais goût ! 1020

Le Père (*aux deux autres*). Elle a compris du premier coup. [*A Johanna*] N'est-ce pas ? J'aurais dû transiger pour deux ans de prison. Quelle gaffe ! Tout valait mieux que l'impunité.

[*Un temps. Il rêve. Johanna regarde toujours les portraits. Werner se lève, la prend par les épaules et la retourne vers lui.*]

Johanna (*froidement*). Qu'est-ce qu'il y a ?

Werner. Ne t'attendris pas sur Frantz : ce n'était pas un type à rester sur un échec. 1030

Johanna. Alors ?

Werner (*désignant le portrait*). Regarde ! Douze décorations.

Johanna, Douze échecs de plus. Il courait après la mort,

pas de chance: elle courait plus vite que lui. [*Au Père.*]
Finissons: il s'est battu, il est revenu en 46 et puis, un an
plus tard, il y a eu le scandale. Qu'est-ce que c'était?

Le Père. Une espièglerie de notre Leni.

Leni (*modestement*). Le père est trop bon. J'ai fourni l'occasion.
Rien de plus.

Le Père. Nous logions des officiers américains. Elle les en- 1040
flammait et puis, s'ils brûlaient bien, elle leur chuchotait
à l'oreille: 'Je suis nazie', en les traitant de sales
juifs.

Leni. Pour les éteindre. C'était amusant, non?

Johanna. Très amusant. Ils s'éteignaient.

Le Père. Quelquefois. D'autres fois ils explosaient. Il y en a
un qui a pris la chose fort mal.

Leni (*à Johanna*). Un Américain, si ce n'est pas un juif,
c'est un antisémite, à moins qu'il ne soit l'un et l'autre à
la fois. Celui-là n'était pas un juif: il s'est vexé. 1050

Johanna. Alors?

Leni. Il a voulu me violer, Frantz est venu à mon secours, ils
ont roulé par terre, le type avait le dessus. J'ai pris une
bouteille et je lui en ai donné un bon coup.

Johanna. Il en est mort?

Le Père (*très calme*). Pensez-vous! Son crâne a cassé la
bouteille. [*Un temps.*] Six semaines d'hôpital. Naturellement, Frantz a tout pris sur lui.

Johanna. Le coup de bouteille aussi?

Le Père. Tout. [*Deux officiers américains paraissent au fond.* 1060
Le Père se tourne vers eux.] Il s'agit d'une étourderie,
passez-moi le mot: d'une grave étourderie. [*Un temps.*]
Je vous prie de remercier le général Hopkins en mon nom.
Dites-lui que mon fils quittera l'Allemagne aussitôt qu'on
lui aura donné ses visas.

Johanna. Pour l'Argentine?

Le Père. (*Il se tourne vers elle pendant que les Américains dis-
paraissent.*) C'était la condition.

Johanna. Je vois.

Le Père (*très détendu*). Les Américains ont été vraiment très 1070 bien.

Johanna. Comme Gœbbels en 41.

Le Père. Mieux! Beaucoup mieux! Washington comptait relever notre entreprise et nous confier le soin de reconstituer la flotte marchande.

Johanna. Pauvre Frantz!

Le Père. Que pouvais-je faire? Il y avait de gros intérêts en jeu. Et qui pesaient plus lourd que le crâne d'un capitaine. Même si je n'étais pas intervenu, les occupants auraient étouffé le scandale. 1080

Johanna. C'est bien possible. [*Un temps.*] Il a refusé de partir?

Le Père. Pas tout de suite. [*Un temps.*] J'avais obtenu les visas. Il devait nous quitter un samedi. Le vendredi matin, Leni est venue me dire qu'il ne descendrait plus jamais. [*Un temps.*] D'abord, j'ai cru qu'il était mort. Et puis, j'ai vu les yeux de ma fille : elle avait gagné.

Johanna. Gagné quoi?

Le Père. Elle ne l'a jamais dit.

Leni (*souriante*). Ici, vous savez, nous jouons à qui perd gagne.

Johanna. Après? 1090

Le Père. Nous avons vécu treize ans.

Johanna (*tournée vers le portrait*). Treize ans.

Werner. Quel beau travail! Croyez que j'ai tout apprécié en amateur. Comme vous l'avez manœuvrée, la pauvre. Au début, elle écoutait à peine; à la fin, elle ne se lassait pas d'interroger. Eh bien, le portrait est achevé. [*Riant.*] 'Vous êtes la femme qu'il lui fallait!' Bravo, père! Voilà le génie.

Johanna. Arrête! Tu nous perds.

Werner. Mais nous sommes perdus : qu'est-ce qui nous 1100 reste? [*Il lui saisit le bras au-dessus du coude, l'attire vers lui et la regarde.*] Où est ton regard? Tu as des yeux de statue : blancs. [*La repoussant brusquement.*] Une flatterie si vulgaire : et tu as donné dans le panneau! Tu me déçois, ma petite.   [*Un temps. Tout le monde le regarde.*

74

Johanna. Voici le moment.

Werner. Quoi?

Johanna. La mise à mort, mon amour.

Werner. Quelle mise à mort?

Johanna. La tienne. [*Un temps.*] Ils nous ont eus. Quand ils me 1110 parlaient de Frantz, ils s'arrangeaient pour que les mots te frappent par ricochet.

Werner. C'est peut-être moi qu'ils ont séduit?

Johanna. Ils n'ont séduit personne: ils ont voulu te faire croire qu'ils me séduisaient.

Werner. Pourquoi, s'il te plaît?

Johanna. Pour te rappeler que rien n'est à toi, pas même ta femme. [*Le Père se frotte doucement les mains. Un temps. Brusquement.*] Arrache-moi d'ici! [*Bref silence.*] Je t'en prie! [*Werner rit. Elle devient dure et froide.*] Pour la 1120 dernière fois, je te le demande, partons. Pour la dernière fois, entends-tu?

Werner. J'entends. Tu n'as plus de questions à me poser?

Johanna. Non.

Werner. Donc, je fais ce que je veux? [*Signe de Johanna, épuisée.*] Très bien. [*Sur la Bible.*] Je jure de me conformer aux dernières volontés de mon père.

Le Père. Tu resteras ici?

Werner (*la main toujours étendue sur la Bible*). Puisque vous l'exigez. Cette maison est la mienne pour y vivre et pour y 1130 mourir. [*Il baisse la tête.*

Le Père. (*Il se lève et va à lui, estime affectueuse.*) A la bonne heure.

[*Il lui sourit. Werner, un instant renfrogné, finit par lui sourire avec une humble reconnaissance.*]

Johanna (*les regardant tous*). Voilà donc ce que c'est qu'un conseil de famille. [*Un temps.*] Werner, je pars. Avec ou sans toi, choisis.

Werner (*sans la regarder*). Sans.

Johanna. Bon. [*Un bref silence.*] Je te souhaite de ne pas trop 1140 me regretter.

Leni. C'est nous qui vous regretterons. Le père surtout. Quand allez-vous nous quitter?

Johanna. Je ne sais pas encore. Quand je serai sûre d'avoir perdu la partie.

Leni. Vous n'en êtes pas sûre?

Johanna (avec un sourire). Eh bien, non: pas encore.

[*Un temps.*

Leni (croyant comprendre). Si la police entre ici, on nous arrêtera tous trois pour séquestration. Mais moi, en plus, 1150 on m'inculpera de meurtre.

Johanna (sans s'émouvoir). Ai-je une tête à prévenir la police? [*Au Père.*] Permettez-moi de me retirer.

Le Père. Bonsoir, mon enfant.

[*Elle s'incline et sort. Werner se met à rire.*

Werner (riant). Eh bien... eh bien... [*Il s'arrête brusquement. Il s'approche du Père, lui touche le bras timidement et le regarde avec une tendresse inquiète.*] Est-ce que vous êtes content?

Le Père (horrifié). Ne me touche pas! [*Un temps.*] Le conseil 1160 est terminé, va rejoindre ta femme.

[*Werner le regarde un instant avec une sorte de désespoir, puis il fait demi-tour et sort.*]

I. 3

LE PÈRE, LENI

Leni. Est-ce que vous ne croyez pas que vous êtes tout de même trop dur?

Le Père. Avec Werner? S'il le fallait, je serais tendre. Mais il se trouve que c'est la dureté qui paie.

Leni. Il ne faudrait pas le pousser à bout.

Le Père. Bah!

Leni. Sa femme a des projets.

Le Père. Ce sont des menaces de théâtre : le dépit a ressuscité l'actrice et l'actrice a voulu sa sortie.

Leni. Dieu vous entende... [*Un temps.*] A ce soir, père. [*Elle attend qu'il s'en aille. Il ne bouge pas.*] Il faut que je te tire les volets et puis ce sera l'heure de Frantz. [*Avec insistance.*] A ce soir.

Le Père (*souriant*). Je m'en vais, je m'en vais! [*Un temps. Avec une sorte de timidité.*] Est-ce qu'il sait ce qui m'arrive?

Leni (*étonnée*). Qui? Oh! Frantz! Ma foi non.

Le Père. Ah! [*Avec une ironie pénible.*] Tu le ménages?

Leni. Lui? Vous pourriez passer sous un train... [*Avec indifférence.*] Pour tout vous dire, j'ai oublié de lui en parler.

Le Père. Fais un nœud à ton mouchoir.

Leni (*prenant un mouchoir pour y faire un nœud*). Voilà.

Le Père. Tu n'oublieras pas?

Leni. Non, mais il faut qu'une occasion se présente.

Le Père. Quand elle se présentera, tâche aussi de demander s'il peut me recevoir.

Leni (*avec lassitude*). Encore! [*Dure, mais sans colère.*] Il ne vous recevra pas. Pourquoi m'obliger à vous répéter chaque jour ce que vous savez depuis treize ans?

Le Père (*violent*). Qu'est-ce que je sais, garce? Qu'est-ce que je sais? Tu mens comme tu respires. J'ignore si tu lui transmets mes lettres et mes prières et je me demande quelquefois si tu ne l'as pas persuadé que je suis mort depuis dix ans.

Leni (*haussant les épaules*). Qu'allez-vous chercher?

Le Père. Je cherche la vérité ou un lien à tes mensonges.

Leni (*désignant le premier étage*). Elle est là-haut, la vérité. Montez, vous l'y trouverez. Montez! Mais montez donc!

Le Père (*sa colère tombe, il semble effrayé*). Tu es folle!

Leni. Interrogez-le: vous en aurez le cœur net.

Le Père (*même jeu*). Je ne connais même pas...

77

Leni. Le signal! [*Riant.*] Oh! si, vous le connaissez. Cent fois
je vous ai pris à m'épier. J'entendais votre pas, je voyais
votre ombre, je ne disais rien mais je luttais contre le fou
rire. [*Le Père veut protester.*] Je me suis trompée? Eh bien
j'aurai le plaisir de vous renseigner moi-même.

Le Père (*sourdement et malgré lui*). Non.

Leni. Frappez quatre coups puis cinq, puis deux fois trois.
Qu'est-ce qui vous retient? 50

Le Père. Qui trouverais-je? [*Un temps. D'une voix sourde.*]
S'il me chassait, je ne le supporterais pas.

Leni. Vous aimez mieux vous persuader que je l'empêche de
tomber dans vos bras.

Le Père (*péniblement*). Il faut m'excuser, Leni. Je suis souvent
injuste. [*Il lui caresse la tête, elle se crispe.*] Tes cheveux
sont doux. [*Il la caresse plus distraitement, comme s'il
réfléchissait.*] Tu as de l'influence sur lui?

Leni (*avec orgueil*). Naturellement.

Le Père. Est-ce que tu ne pourrais pas, petit à petit, en t'y 60
prenant adroitement... Je te prie d'insister particulièrement
sur ceci qui est capital: ma première visite sera aussi la
dernière. Je ne resterai qu'une heure. Moins, si cela doit le
fatiguer. Et surtout, dis-lui bien que je ne suis pas pressé.
[*Souriant.*] Enfin: pas trop.

Leni. Une seule rencontre.

Le Père. Une seule.

Leni. Une seule et vous allez mourir. A quoi bon le revoir?

Le Père. Pour le revoir. [*Elle rit avec insolence.*] Et pour
prendre congé. 70

Leni. Qu'est-ce que cela changerait si vous partiez à l'anglaise?

Le Père. Pour moi? Tout. Si je le revois, j'arrête le compte et
je fais l'addition.

Leni. Faut-il prendre tant de peine? L'addition se fera toute
seule.

Le Père. Tu crois cela? [*Un bref silence.*] Il faut que je tire le
trait moi-même sinon tout s'effilochera. [*Avec un sourire
presque timide.*] Après tout, je l'ai vécue, cette vie: je ne

veux pas la laisser se perdre. [*Un temps. Presque timide-*
ment.] Est-ce que tu lui parleras?   80
Leni (brutalement). Pourquoi le ferais-je? Voilà treize ans que
je monte la garde et je relâcherais ma vigilance quand il
reste à tenir six mois?
Le Père. Tu montes la garde contre moi?
Leni. Contre tous ceux qui veulent sa perte.
Le Père. Je veux perdre Frantz?
Leni. Oui.
Le Père (violemment). Est-ce que tu es folle? [*Il se calme.*
Avec un ardent désir de convaincre, presque suppliant.]
Écoute, il se peut que nos avis diffèrent sur ce qui lui   90
convient. Mais je ne demande à le voir qu'une seule fois:
où prendrais-je le temps de lui nuire, même si j'en avais
envie? [*Elle rit grossièrement.*] Je te donne ma parole...
Leni. Vous l'ai-je demandée? Pas de cadeaux!
Le Père. Alors, expliquons-nous.
Leni. Les von Gerlach ne s'expliquent pas.
Le Père. Tu t'imagines que tu me tiens?
Leni (même ton, même sourire). Je vous tiens un petit peu, non?
Le Père (moue ironique et dédaigneuse). Penses-tu!
Leni. Qui de nous deux, père, a besoin de l'autre?   100
Le Père (doucement). Qui de nous deux, Leni, fait peur à
l'autre?
Leni. Je ne vous crains pas. [*Riant.*] Quel bluff! [*Elle regarde*
avec défi.] Savez-vous ce qui me rend invulnérable? Je
suis heureuse.
Le Père. Toi? Que peux-tu savoir du bonheur?
Leni. Et vous? Qu'en savez-vous?
Le Père. Je te vois: s'il t'a donné ces yeux, c'est le plus
raffiné des supplices.
Leni (presque égarée). Mais oui. Le plus raffiné, le plus raffiné! 110
Je tourne! Si je m'arrêtais, je me casserais. Voilà le bon-
heur fou, le bonheur fou. [*Triomphalement et méchamment.*]
Je vois Frantz, moi! J'ai tout ce que je veux. [*Le Père rit*
doucement. Elle s'arrête net et le regarde fixement.] Non.

79

Vous ne bluffez jamais. Je suppose que vous avez une carte maîtresse. Bon. Montrez-la.

Le Père (bonhomme). Tout de suite?

Leni (durcie). Tout de suite. Vous ne la garderez pas en réserve pour la sortir quand je ne m'y attendrai pas.

Le Père (toujours bonhomme). Et si je ne veux pas la montrer? 120

Leni. Je vous y forcerai.

Le Père. Comment?

Leni. Je tiens sec. [*Elle ramasse la Bible avec effort et la pose sur une table.*] Frantz ne vous recevra pas, je le jure. [*Étendant la main.*] Je jure sur cette Bible que vous mourrez sans l'avoir revu. [*Un temps.*] Voilà. [*Un temps.*] Abattez votre jeu.

Le Père (paisible). Tiens! Tu n'as pas eu le fou rire. [*Il lui caresse les cheveux.*] Quand je caresse tes cheveux, je pense à la terre: au-dehors tapissée de soie, au-dedans, ça bout. 130 [*Il se frotte doucement les mains. Avec un sourire inoffensif et doux.*] Je te laisse, mon enfant.   [*Il sort.*

I. 4

LENI, *seule, puis* JOHANNA, *puis* LE PÈRE

Leni reste les yeux fixés sur la porte du fond, à gauche, par où le Père est sorti. Puis elle se reprend. Elle se dirige vers les portes-fenêtres, à droite, et les ouvre, puis tire les grands volets qui les ferment et referme ensuite les portes vitrées. La pièce est plongée dans la pénombre.

Elle monte lentement l'escalier qui conduit au premier étage et frappe chez Frantz: quatre coups, puis cinq, puis deux fois trois.

Au moment où elle frappe les deux séries de trois, la porte de droite — au fond — s'est ouverte et Johanna apparaît sans bruit. Elle épie.

On entend le bruit d'un verrou qu'on tourne et d'une barre de fer qu'on lève, la porte s'ouvre en haut, en laissant fuser la lumière électrique qui éclaire la chambre de Frantz. Mais celui-ci ne paraît pas. Leni entre et ferme la porte : on l'entend tirer le verrou et baisser la barre de fer.

Johanna entre dans la pièce, s'approche d'une console et frappe de l'index deux séries de trois coups pour se les remettre en mémoire. Visiblement, elle n'a pas entendu la série de cinq et celle de quatre. Elle recommence.

A cet instant, toutes les ampoules du lustre s'allument et elle sursaute en étouffant un cri. C'est le Père qui apparaît à gauche et qui a tourné le commutateur.

Johanna se protège les yeux avec la main et l'avant-bras.

Le Père. Qui est là ? [*Elle baisse la main.*] Johanna ! [*S'avançant vers elle.*] Je suis désolé [*Il est au milieu de la pièce.*] Dans les interrogatoires de police, on braque des projecteurs sur l'inculpé : qu'allez-vous penser de moi qui vous envoie dans les yeux toute cette lumière ?

Johanna. Je pense que vous devriez l'éteindre.

Le Père (*sans bouger*). Et puis ?

Johanna. Et puis que vous n'êtes pas de la police mais que vous comptez me soumettre à un interrogatoire policier. [*Le Père sourit et laisse tomber les bras dans un accablement feint. Vivement.*] Vous n'entrez jamais dans cette pièce. Qu'y faisiez-vous si vous ne me guettiez pas ?

Le Père. Mais, mon enfant, vous n'y entrez jamais non plus. [*Johanna ne répond pas.*] L'interrogatoire n'aura pas lieu. [*Il allume deux lampes — abat-jour de mousseline rose — et va éteindre le lustre.*] Voici la lumière rose des demi-vérités. Êtes-vous plus à l'aise ?

Johanna. Non. Permettez-moi de me retirer.

Le Père. Je vous le permettrai quand vous aurez entendu ma réponse.

Johanna. Je n'ai rien demandé.

Le Père. Vous m'avez demandé ce que je faisais ici et je tiens à vous le dire, bien que je n'aie pas lieu d'en être fier.

[*Un bref silence.*] Depuis des années, presque chaque jour, quand je me suis assuré que Leni ne me surprendra pas, je m'assieds dans ce fauteuil et j'attends.

Johanna (*intéressée malgré elle*). Quoi?

Le Père. Que Frantz se promène dans sa chambre et que j'aie la chance de l'entendre marcher. [*Un temps.*] C'est tout ce qu'on m'a laissé de mon fils: le choc de deux semelles 30
contre le plancher. [*Un temps.*] La nuit, je me relève. Tout le monde dort, je sais que Frantz veille: nous souffrons lui et moi des mêmes insomnies. C'est une manière d'être ensemble. Et vous, Johanna? Qui guettez-vous?

Johanna. Je ne guettais personne.

Le Père. Alors, c'est un hasard, le plus grand des hasards. Et le plus heureux: je souhaitais vous parler en tête à tête. [*Irritation de Johanna. Vivement.*] Non, non, pas de secrets, pas de secrets, sauf pour Leni. Vous direz tout à 40
Werner, j'y tiens.

Johanna. Dans ce cas, le plus simple serait de l'appeler.

Le Père. Je vous demande deux minutes. Deux minutes et j'irai l'appeler moi-même. Si vous y tenez encore.

[*Surprise par la dernière phrase, Johanna s'arrête et le regarde en face.*]

Johanna. Bon. Qu'est-ce que vous voulez?

Le Père. Parler avec ma bru du jeune ménage Gerlach.

Johanna. Le jeune ménage Gerlach, il est en miettes.

Le Père. Que me dites-vous là? 50

Johanna. Rien de nouveau: c'est vous qui l'avez cassé.

Le Père (*désolé*). Mon Dieu! Ce sera par maladresse. [*Avec sollicitude.*] Mais j'ai cru comprendre que vous aviez un moyen de le raccommoder. [*Elle va rapidement au fond de la scène, à gauche.*] Que faites-vous?

Johanna (*allumant toutes les lampes*). L'interrogatoire commence: j'allume les projecteurs. [*Revenant se placer sous le lustre.*] Où dois-je me mettre? Ici? Bon. A présent, sous la lumière froide des vérités entières et des mensonges parfaits,

je déclare que je ne ferai pas d'aveux pour la simple raison 60
que je n'en ai pas à faire. Je suis seule, sans force et tout à
fait consciente de mon impuissance. Je vais partir.
J'attendrai Werner à Hambourg. S'il ne revient pas...

[*Geste découragé.*

Le Père (*gravement*). Pauvre Johanna, nous ne vous aurons
fait que du mal. [*D'une voix changée, brusquement con-
fidentielle et gaie.*] Et surtout, soyez belle.

Johanna. Plaît-il?

Le Père (*souriant*). Je dis: soyez belle.

Johanna (*presque outragée, violente*). Belle! 70

Le Père. Ce sera sans peine.

Johanna (*même jeu*). Belle! Le jour des adieux, je suppose:
je vous laisserai de meilleurs souvenirs.

Le Père. Non, Johanna: le jour où vous irez chez Frantz.
(*Johanna reste saisie.*] Les deux minutes sont écoulées:
dois-je appeler votre mari? [*Elle fait signe que non.*] Très
bien: ce sera notre secret.

Johanna. Werner saura tout.

Le Père. Quand?

Johanna. Dans quelques jours. Oui, je le verrai, votre Frantz, 80
je verrai ce tyran domestique, mieux vaut s'adresser à
Dieu qu'à ses saints.

Le Père (*un temps*). Je suis content que vous tentiez votre
chance.

[*Il commence à se frotter les mains et les met dans ses poches.*

Johanna. Permettez-moi d'en douter.

Le Père. Et pourquoi donc?

Johanna. Parce que nos intérêts sont opposés. Je souhaite que
Frantz reprenne une vie normale.

Le Père. Je le souhaite aussi. 90

Johanna. Vous? S'il met le nez dehors, les gendarmes l'arrêtent
et la famille est déshonorée.

Le Père (*souriante*). Je crois que vous n'imaginez pas ma
puissance. Mon fils n'a qu'à prendre la peine de descendre:
j'arrangerai tout sur l'heure.

Johanna. Ce sera le meilleur moyen qu'il remonte en courant dans sa chambre et qu'il s'y enferme pour toujours.

    [*Un silence. Le Père a baissé la tête et regarde le tapis.*

Le Père (*d'une voix sourde*). Une chance sur dix pour qu'il vous ouvre, une sur cent pour qu'il vous écoute, une sur 100 mille pour qu'il vous réponde. Si vous aviez cette millième chance...

Johanna. Eh bien?

Le Père. Consentiriez-vous à lui dire que je vais mourir?

Johanna. Leni n'a pas... ?

Le Père. Non.

    [*Il a relevé la tête. Johanna le regarde fixement.*

Johanna. C'était donc cela? [*Elle le regarde toujours.*] Vous ne mentez pas. [*Un temps.*] Une chance sur mille. [*Elle frissonne et se reprend à l'instant.*] Faudra-t-il aussi lui 110 demander s'il veut vous recevoir?

Le Père (*vivement, effrayé*). Non, non! Un faire-part, rien de plus: le vieux va mourir. Sans commentaires. C'est promis!

Johanna (*souriant*). C'est juré sur la Bible.

Le Père. Merci. [*Elle le regarde toujours. Entre ses dents, comme pour lui expliquer sa conduite, mais d'une voix sourde qu'il semble ne s'adresser qu'à lui-même.*] Je voudrais l'aider. Ne tentez rien aujourd'hui. Leni redescendra tard, il sera sans doute fatigué. 120

Johanna. Demain?

Le Père. Oui. Au début de l'après-midi.

Johanna. Où vous trouverais-je si j'avais besoin...

Le Père. Vous ne me trouverez pas. [*Un temps.*] Je pars pour Leipzig. [*Un temps.*] Si vous manquiez votre coup... [*Geste.*] Je reviendrai dans quelques jours. Quand vous aurez gagné ou perdu.

Johanna (*angoissée*). Vous me laisserez seule? [*Elle se reprend.*] Pourquoi pas? [*Un temps.*] Eh bien, je vous souhaite bon voyage et je vous supplie de ne rien me souhaiter. 130

Le Père. Attendez! [*Avec un sourire d'excuse, mais gravement.*]

J'ai peur de vous impatienter, mon enfant, mais je vous répète qu'il faut être belle.

Johanna. Encore!

Le Père. Voilà treize ans que Frantz n'a vu personne. Pas une âme.

Johanna (*haussant les épaules*). Sauf Leni.

Le Père. Ce n'est pas une âme, Leni. Et je me demande s'il la voit. [*Un temps.*] Il ouvrira la porte et que se passera-t-il? S'il avait peur? S'il s'enfonçait pour toujours dans la 140 solitude?

Johanna. Qu'y aurait-il de changé si je me peinturlurais le visage?

Le Père (*doucement*). Il aimait la beauté.

Johanna. Qu'avait-il à en faire, ce fils d'industriel?

Le Père. Il vous le dira demain.

Johanna. Rien du tout. [*Un temps.*] Je ne suis pas belle. Est-ce clair?

Le Père. Si vous ne l'êtes pas, qui le sera?

Johanna. Personne: il n'y a que des laides déguisées. Je ne me 150 déguiserai plus.

Le Père. Même pour Werner?

Johanna. Même pour Werner, oui. Gardez-le. [*Un temps.*] Comprenez-vous le sens des mots? On me faisait... une beauté. Une par film. [*Un temps.*] Excusez-moi, c'est une marotte. Quand on y touche, je perds la tête!

Le Père. C'est moi qui m'excuse, mon enfant.

Johanna. Laissez donc. Vous ne pouviez pas savoir. Ou peut-être saviez-vous, peu importe. [*Un temps.*] J'étais jolie, je suppose. Ils sont venus me dire que j'étais belle et 160 je les ai crus. Est-ce que je savais, moi, ce que je faisais sur terre? Il faut bien justifier sa vie. L'ennui c'est qu'ils s'étaient trompés. [*Brusquement.*] Des bateaux? Cela justifie?

Le Père. Non.

Johanna. Je m'en doutais. [*Un temps.*] Frantz me prendra comme je suis. Avec cette robe et ce visage. N'importe quelle femme, c'est toujours assez bon pour n'importe quel homme.

[*Un silence. Au-dessus de leur tête, Frantz se met à marcher.* 170
Ce sont des pas irréguliers, tantôt lents et inégaux, tantôt
rapides et rythmés, tantôt des piétinements sur place.

Elle regarde le Père avec inquiétude comme si elle de-
mandait : ' Est-ce Frantz ? ']

Le Père (*répondant à ce regard*). Oui.

Johanna. Et vous restez des nuits entières...

Le Père (*blême et crispé*). Oui.

Johanna. J'abandonne la partie.

Le Père. Vous croyez qu'il est fou ?

Johanna. Fou à lier. 180

Le Père. Ce n'est pas de la folie.

Johanna (*haussant les épaules*). Qu'est-ce que c'est ?

Le Père. Du malheur.

Johanna. Qui peut être plus malheureux qu'un fou ?

Le Père. Lui.

Johanna (*brutalement*). Je n'irai pas chez Frantz.

Le Père. Si. Demain, au commencement de l'après-midi. [*Un temps.*] Nous n'avons pas d'autre chance, ni vous, ni lui, ni moi.

Johanna (*tournée vers l'escalier, lentement*). Je monterai cet 190
escalier, je frapperai à cette porte... [*Un temps. Les pas ont*
cessé.] C'est bon, je me ferai belle. Pour me protéger.

[*Le Père lui sourit en se frottant les mains.*

Fin de l'acte I

La chambre de Frantz. Une porte à gauche dans un renfoncement. (Elle donne sur le palier.) Verrou. Barre de fer. Deux portes au fond, de chaque côté du lit : l'une donne sur la salle de bains, l'autre sur les cabinets. Un lit énorme mais sans draps ni matelas : une couverture pliée sur le sommier. Une table contre le mur de droite. Une seule chaise. Sur la gauche un amas hétéroclite de meubles cassés, de bibelots détériorés : ce monceau de détritus est ce qui reste de l'ameublement. Sur le mur du fond, un grand portrait de Hitler (à droite, au-dessus du lit). A droite aussi, des rayons. Sur les rayons, des bobines (magnétophone). Des pancartes aux murs — texte en caractères d'imprimerie, lettres tracées à la main : "Don't disturb". "Il est défendu d'avoir peur." Sur la table, huîtres, bouteilles de champagne, des coupes, une règle, etc. Des moisissures sur les parois et au plafond.

II. 1

FRANTZ, LENI

Frantz porte un uniforme de soldat en lambeaux.
    Par endroits la peau est visible sous les déchirures du tissu.
    Il est assis à la table et tourne le dos à Leni — et, pour les trois quarts, au public.
    Sur la table, huîtres et bouteilles de champagne.
    Sous la table, caché, le magnétophone.
    Leni, face au public, balaye, tablier blanc sur sa robe.
    Elle travaille tranquillement, sans empressement excessif

et sans hâte, en bonne ménagère, le visage vidé de toute
expression, presque endormi, pendant que Frantz parle.
Mais, de temps en temps, elle lui jette de brefs coups d'œil.
On sent qu'elle le guette et qu'elle attend la fin du
discours.

Frantz. Habitants masqués des plafonds, attention!
Habitants masqués des plafonds, attention! On vous
ment. Deux milliards de faux témoins! Deux milliards
de faux témoignages à la seconde! Écoutez la plainte des
hommes: "Nous étions trahis par nos actes. Par nos
paroles, par nos chiennes de vie!" Décapodes, je témoigne
qu'ils ne pensaient pas ce qu'ils disaient et qu'ils ne
faisaient pas ce qu'ils voulaient. Nous plaidons: non
coupable. Et n'allez surtout pas condamner sur des aveux,
même signés: on disait, à l'époque: "L'accusé vient   10
d'avouer, donc il est innocent." Chers auditeurs, mon
siècle fut une braderie: la liquidation de l'espèce humaine
y fut décidée en haut lieu. On a commencé par l'Allemagne jusqu'à l'os. [*Il se verse à boire.*] Un seul dit vrai: le
Titan fracassé, témoin oculaire, séculaire, régulier, séculier,
in secula seculorum. Moi. L'homme est mort et je suis son
témoin. Siècles, je vous dirai le goût de mon siècle et vous
acquitterez les accusés. Les faits, je m'en fous je les
laisse aux faux témoins; je leur laisse les causes occasion-
nelles et les raisons fondamentales. Il y avait ce goût.   20
Nous en avions plein la bouche. [*Il boit.*] Et nous buvions
pour le faire passer. [*Rêvant.*] C'était un drôle de goût,
hein, quoi? [*Il se lève brusquement avec une sorte d'horreur.*]
J'y reviendrai.

Leni (croyant qu'il en a fini). Frantz, j'ai à te parler.

Frantz (criant). Silence chez les Crabes.

Leni (voix naturelle). Écoute-moi: c'est grave.

Frantz (aux Crabes). On a choisi la carapace? Bravo! Adieu la
nudité! Mais pourquoi garder vos yeux? C'est ce que nous
avions de plus laid. Hein? Pourquoi? [*Il feint d'attendre.*   30

Déclic. Il sursaute. D'une autre voix sèche, rapide, rocail-
leuse.] Qu'est-ce que c'est? [*Il se tourne vers Leni et la*
regarde avec défiance et sévérité.]

Leni (*tranquillement*). La bobine. [*Elle se baisse, prend le*
magnétophone et le pose sur la table.] Terminée... [*Elle*
appuie sur un bouton, la bobine se réenroule : on entend la
voix de Frantz à l'envers.] A présent, tu vas m'écouter.
[*Frantz se laisse tomber sur la chaise et crispe la main sur*
sa poitrine. Elle s'interrompt : en se tournant vers lui, elle
l'a vu crispé, semblant souffrir. Sans s'émouvoir.] Qu'est-ce   40
qu'il y a?

Frantz. Que veux-tu qu'il y ait?

Leni. Le cœur?

Frantz (*douloureusement*). Il cogne!

Leni. Qu'est-ce que tu veux, maître chanteur? Une autre
bobine?

Frantz (*subitement calmé*). Surtout pas! [*Il se relève et se met à*
rire.] Je suis mort. De fatigue, Léni; mort de fatigue.
Enlève ca! [*Elle va pour ôter la bobine.*] Attends! Je veux
m'écouter.   50

Leni. Depuis le début?

Frantz. N'importe où. [*Leni met l'appareil en marche. On*
entend la voix de Frantz : "Un seul dit vrai..., etc."
Frantz écoute un instant, son visage se crispe. Il parle sur la
voix enregistrée.] Je n'ai pas voulu dire cela. Mais qui
parle? Pas un mot de vrai. [*Il prête encore l'oreille.*] Je
ne peux plus supporter cette voix. Elle est morte. Arrête,
bon Dieu! Arrête donc, tu me rends fou!... [*Leni, sans*
hâte excessive, arrête le magnétophone et réenroule la bobine.
Elle écrit un numéro sur la bobine et va la ranger près des   60
autres. Frantz la regarde, il a l'air découragé.] Bon. Tout
est à recommencer!

Leni. Comme toujours.

Frantz. Mais non: j'avance. Un jour les mots me viendront
d'eux-mêmes et je dirai ce que je veux. Après, repos!
[*Un temps.*] Tu crois que ça existe?

Leni. Quoi?

Frantz. Le repos?

Leni. Non.

Frantz. C'est ce que je pensais.   [*Un bref silence.* 70

Leni. Veux-tu m'écouter?

Frantz. Eh!

Leni. J'ai peur!

Frantz (*sursautant*). Peur? [*Il la regarde avec inquiétude.*] Tu as bien dit: peur?

Leni. Oui.

Frantz (*brutalement*). Alors, va-t'en!

[*Il prend une règle sur la table et, du bout de la règle, frappe sur une des pancartes : " Il est défendu d'avoir peur."*]

Leni. Bon. Je n'ai plus peur. [*Un temps.*] Écoute-moi, je t'en prie. 80

Frantz. Je ne fais que cela. Tu me casses la tête. [*Un temps.*] Eh bien?

Leni. Je ne sais pas exactement ce qui se prépare, mais...

Frantz. Quelque chose se prépare? Où, à Washington? A Moscou?

Leni. Sous la plante de tes pieds.

Frantz. Au rez-de-chaussée? [*Brusque évidence.*] Le père va mourir.

Leni. Qui parle du père? Il nous enterrera tous.

Frantz. Tant mieux.   90

Leni. Tant mieux?

Frantz. Tant mieux, tant pis, je m'en fous. Alors? De quoi s'agit-il?

Leni. Tu es en danger.

Frantz (*avec conviction*). Oui. Après ma mort! Si les siècles perdent ma trace, la crique me croque. Et qui sauvera l'Homme, Leni?

Leni. Qui voudra. Frantz, tu es en danger depuis hier et dans ta vie.

Frantz (*avec indifférence*). Eh bien, défends-moi: c'est ton 100 affaire.

Leni. Oui, si tu m'aides.

Frantz. Pas le temps. [*Avec humeur.*] J'écris l'Histoire et tu viens me déranger avec des anecdotes.

Leni. Ce serait une anecdote, s'ils te tuaient.

Frantz. Oui.

Leni. S'ils te tuaient trop tôt?

Frantz (*fronçant le sourcil*). Trop tôt? [*Un temps.*] Qui veut me tuer?

Leni. Les occupants.   110

Frantz. Je vois. [*Un temps.*] On me casse la voix et on mystifie le trentième avec des documents falsifiés. [*Un temps.*] Ils ont quelqu'un dans la place?

Leni. Je crois.

Frantz. Qui?

Leni. Je me sais pas encore. Je crois que c'est la femme de Werner.

Frantz. La bossue?

Leni. Oui. Elle fouine partout.

Frantz. Donne-lui de la mort-aux-rats.   120

Leni. Elle se méfie.

Frantz. Que d'embarras. [*Inquiet.*] Il me faut dix ans.

Leni. Donne-moi dix minutes.

Frantz. Tu m'ennuies.

[*Il va au mur du fond et il effleure du doigt les bobines sur leur rayon.*]

Leni. Si on te les volait?

Frantz (*il fait demi-tour brusquement*). Quoi?

Leni. Les bobines.

Frantz. Tu perds la tête.   130

Leni (*sèchement*). Suppose qu'ils viennent en mon absence— ou mieux: après m'avoir supprimée?

Frantz. Eh bien? Je n'ouvrirai pas. [*Amusé.*] Ils veulent te supprimer, toi aussi?

Leni. Ils y songent. Que ferais-tu sans moi? [*Frantz ne répond pas.*] Tu mourrais de faim.

Frantz. Pas le temps d'avoir faim. Je mourrai, c'est tout. Moi, je parle. La Mort, c'est mon corps qui s'en charge:

je ne m'en apercevrai même pas; je continuerai à parler.
[*Un silence.*] L'avantage, c'est que tu ne me fermeras pas 140
les yeux. Ils enfoncent la porte et que trouvent-ils? Le
cadavre de l'Allemagne assassinée. [*Riant.*] Je puerai
comme un remords.

Leni. Ils n'enfonceront rien du tout. Ils frapperont, tu seras
encore en vie et tu leur ouvriras.

Frantz (*stupeur amusée*). Moi?

Leni. Toi. [*Un temps.*] Ils connaissent le signal.

Frantz. Ils ne peuvent pas le connaître.

Leni. Depuis le temps qu'ils m'espionnent, tu penses bien
qu'ils l'ont repéré. Le père, tiens, je suis sûre qu'il le 150
connaît.

Frantz. Ah! [*Un silence.*] Il est dans le coup?

Leni. Qui sait? [*Un temps.*] Je te dis que tu leur ouvriras.

Frantz. Après?

Leni. Ils prendront les bobines.

[*Frantz ouvre un tiroir de la table, en sort un revolver d'ordonnance et le montre à Leni en souriant.*]

Frantz. Et ça?

Leni. Ils ne les prendront pas de force. Ils te persuaderont de
les donner. [*Frantz éclate de rire.*] Frantz, je t'en supplie, 160
changeons le signal. [*Frantz cesse de rire. Il la regarde
d'un air sournois et traqué.*] Eh bien?

Frantz. Non. [*Il invente à mesure ses raisons de refuser.*] Tout
se tient. L'Histoire est une parole sacrée; si tu changes une
virgule, il ne reste plus rien.

Leni. Parfait. Ne touchons pas à l'Histoire. Tu leur feras
cadeau des bobines. Et du magnétophone, par-dessus le
marché.

[*Frantz va vers les bobines et les regarde d'un air traqué.*

Frantz (*d'abord hésitant et déchiré*). Les bobines... Les 170
bobines... [*Un temps. Il réfléchit, puis d'un geste brusque
du bras gauche, il les balaye et les fait tomber sur le plancher.*]
Voilà ce que j'en fais! [*Il parle avec une sorte d'exaltation,
comme s'il confiait à Leni un secret d'importance. En fait,*

il invente sur l'instant ce qu'il dit.] Ce n'était qu'une précaution, figure-toi. Pour le cas où le trentième n'aurait pas découvert la vitre.

Leni. Une vitre? Voilà du neuf. Tu ne m'en as jamais parlé.

Frantz. Je ne dis pas tout, sœurette. [*Il se frotte les mains d'un air réjoui, comme le Père au premier tableau.*] Imagine une 180 vitre noire. Plus fine que l'éther. Ultrasensible. Un souffle s'y inscrit. Le *moindre* souffle. Toute l'Histoire y est gravée, depuis le commencement des temps jusqu'à ce claquement de doigts. [*Il fait claquer ses doigts.*

Leni. Où est-elle?

Frantz. La vitre? Partout. Ici. C'est l'envers du jour. Ils inventeront des appareils pour la faire vibrer; tout va ressusciter. Hein, quoi? [*Brusquement halluciné.*] Tous nos actes. [*Il reprend son ton brutal et inspiré.*] Du cinéma, je te dis: les Crabes en rond regardent Rome qui brûle et 190 Néron qui danse. [*A la photo de Hitler.*] Ils te verront, petit père. Car tu as dansé, n'est-ce pas? Toi aussi, tu as dansé. [*Coups de pied dans les bobines.*] Au feu! Au feu! Qu'ai-je à en foutre? Débarrasse-moi de ça. [*Brusquement.*] Que faisais-tu le 6 décembre 44 à 20 h 30? [*Leni hausse les épaules.*] Tu ne le sais plus? Ils le savent: ils ont déplié ta vie, Leni; je découvre l'horrible vérité: nous vivons en résidence surveillée.

Leni. Nous?

Frantz (*face au public*). Toi, moi, tous ces morts: les hommes. 200 [*Il rit.*] Tiens-toi droite. On te regarde. [*Sombre, à lui-même.*] Personne n'est seul. [*Rire sec de Leni.*] Dépêche-toi de rire, pauvre Leni. Le trentième arrivera comme un voleur. Une manette qui tourne, la Nuit qui vibre; tu sauteras au milieu d'eux.

Leni. Vivante?

Frantz. Morte depuis mille ans.

Leni (*avec indifférence*). Bah!

Frantz. Morte et ressuscitée: la vitre rendra tout, même nos pensées. Hein, quoi? [*Un temps.*] [*Avec une inquiétude dont* 210 *on ne sait pas si elle est sincère ou jouée.*] Et si nous y étions déjà?

Leni. Où?

Frantz. Au trentième siècle. Es-tu sûre que cette comédie se donne pour la première fois? Sommes-nous vifs ou reconstitués? [*Il rit.*] Tiens-toi droite. Si les Décapodes nous regardent, sois sûre qu'ils nous trouvent très laids.

Leni. Qu'en sais-tu?

Frantz. Les Crabes n'aiment que les Crabes: c'est trop naturel.

Leni. Et si c'étaient des hommes?   220

Frantz. Au xxxe siècle? S'il reste un homme, on le conserve dans un musée... Tu penses bien qu'ils ne vont pas garder notre système nerveux?

Leni. Et cela fera des Crabes?

Frantz (*très sec*). Oui. [*Un temps.*] Ils auront d'autres corps, donc d'autres idées. Lesquelles, hein? Lesquelles?... Mesures-tu l'importance de ma tâche et son exceptionnelle difficulté? Je vous défends devant des magistrats que je n'ai pas le plaisir de connaître. Travaux d'aveugles: tu lâches un mot ici, au jugé; il cascade de siècle en siècle. 230 Que voudra-t-il dire là-haut? Sais-tu qu'il m'arrive de dire *blanc* quand je veux leur faire entendre *noir*? [*Tout à coup, il s'effondre sur sa chaise.*] Bon Dieu!

Leni. Quoi encore?

Frantz (*accablé*). La vitre!

Leni. Eh bien?

Frantz. Tout est en direct à présent. Il faudra nous surveiller constamment. J'avais bien besoin de la trouver, celle-là! [*Violemment.*] Expliquer! Justifier! Plus un instant de répit! Hommes, femmes, bourreaux traqués, victimes 240 impitoyables, je suis votre martyr.

Leni. S'ils voient tout, qu'ont-ils besoin de tes commentaires?

Frantz (*riant*). Ha! mais ce sont des Crabes, Leni: ils ne comprennent rien. [*Il s'essuie le front avec son mouchoir, regarde le mouchoir et le jette avec dépit sur la table.*] De l'eau salée.

Leni. Qu'attendais-tu?

Frantz (*haussant les épaules*). La sueur de sang. Je l'ai gagnée.
[*Il se relève, vif et faussement gai.*] A mon commandement,
Leni! Je t'utilise en direct. Un essai pour la voix. Parle 250
fort et prononce bien. [*Très fort.*] Témoigne devant les
magistrats que les Croisés de la Démocratie ne veulent pas
nous permettre de relever les murs de nos maisons. [*Leni
se tait, irritée.*] Allons, si tu m'obéis, je t'écouterai.

Leni (*au plafond*). Je témoigne que tout s'effondre.

Frantz. Plus fort!

Leni. Tout s'effondre.

Frantz. De Munich, que reste-t-il?

Leni. Une paire de briques.

Frantz. Hambourg? 260

Leni. C'est le *no man's land.*

Frantz. Les derniers Allemands, où sont-ils?

Leni. Dans les caves.

Frantz (*au plafond*). Eh bien! vous autres, concevez-vous
cela? Après treize ans! L'herbe recouvre les rues, nos
machines sont enfouies sous les liserons. [*Feignant
d'écouter.*] Un chatiment? Quelle bourde? Pas de con-
currence en Europe, voilà le principe et la doctrine. Dis
ce qui reste de l'Entreprise.

Leni. Deux chantiers. 270

Frantz. Deux! Avant guerre, nous en avions cent! [*Il se frotte
les mains. A Leni, voix naturelle.*] Assez pour aujourd'hui.
La voix est faible mais quand tu la pousses, cela peut aller.
[*Un temps.*] Parle, à présent. Alors? [*Un temps.*] On veut
m'attaquer par le moral?

Leni. Oui.

Frantz. Fausse manœuvre: le moral est d'acier.

Leni. Mon pauvre Frantz! Il fera de toi ce qu'il voudra.

Frantz. Qui?

Leni. L'envoyé des occupants. 280

Frantz. Ha! Ha!

Leni. Il frappera, tu ouvriras et sais-tu ce qu'il te dira?

Frantz. Je m'en fous!

Leni. Il te dira : tu te prends pour le témoin et c'est toi l'accusé. [*Bref silence.*] Qu'est-ce que tu répondras?

Frantz. Je te chasse! On t'a payée. C'est toi qui cherches à me démoraliser.

Leni. Qu'est-ce que tu répondras, Frantz? Qu'est-ce que tu répondras? Voilà douze ans que tu te prosternes devant ce tribunal futur et que tu lui reconnais tous les droits. 290 Pourquoi pas celui de te condamner?

Frantz (criant). Parce que je suis témoin à décharge!

Leni. Qui t'a choisi?

Frantz. L'Histoire.

Leni. C'est arrivé, n'est-ce pas, qu'un homme se croie désigné par elle — et puis c'était le voisin qu'elle appelait.

Frantz. Cela ne m'arrivera pas. Vous serez tous acquittés. Même toi : ce sera ma vengeance. Je ferai passer l'Histoire par un trou de souris! [*Il s'arrête, inquiet.*] Chut! Ils sont à l'écoute. Tu me pousses, tu me pousses et je finis par 300 m'emporter. [*Au plafond.*] Je m'excuse, chers auditeurs : les mots ont trahi ma pensée.

Leni (violente et ironique). Le voilà, l'homme au moral d'acier! [*Méprisante.*] Tu passes ton temps à t'excuser.

Frantz. Je voudrais t'y voir. Ce soir, ils vont grincer.

Leni. Ça grince, les Crabes?

Frantz. Ceux-là, oui. C'est très désagréable. [*Au plafond.*] Chers auditeurs, veuillez prendre note de ma rectification…

Leni (éclatant). Assez! Assez! Envoie-les promener!

Frantz. Tu perds l'esprit? 310

Leni. Récuse leur tribunal, je t'en prie, c'est ta seule faiblesse. Dis-leur : "Vous n'êtes pas mes juges!" Et tu n'auras plus personne à craindre. Ni dans ce monde, ni dans l'autre.

Frantz (violemment). Va-t'-en!

[*Il prend deux coquilles et les frotte l'une contre l'autre.*

Leni. Je n'ai pas fini le ménage.

Frantz. Très bien : je monte au trentième. [*Il se lève, sans cesser de lui tourner le dos, et retourne une pancarte qui portait les mots* "Don't disturb"; *on lit à présent sur l'envers* "Absent jusqu'à demain midi." *Il se rassied et* 320 *recommence à frotter les coquilles l'une contre l'autre.*] Tu me regardes: la nuque me brûle. Je t'interdis de me regarder: la nuque me brûle. Je t'interdis de me regarder! Si tu restes, occupe-toi! [*Leni ne bouge pas*]. Veux-tu baisser les yeux!

Leni. Je les baisserai si tu me parles.

Frantz. Tu me rendras fou! fou! fou!

Leni (*petit rire sans gaieté*). Tu le voudrais bien.

Frantz. Tu veux me regarder? Regarde-moi! [*Il se lève. Pas de l'oie.*] Une, deux! Une, deux! 330

Leni. Arrête!

Frantz. Une, deux! Une, deux!

Leni. Arrête, je t'en prie!

Frantz. Eh quoi, ma belle, as-tu peur d'un soldat?

Leni. J'ai peur de te mépriser.

[*Elle dénoue son tablier, le jette sur le lit et va pour sortir. Frantz s'arrête net.*]

Frantz. Leni! [*Elle est à la porte. Avec une douceur un peu désemparée.*] Ne me laisse pas seul.

Leni (*elle se retourne, passionnément*). Tu veux que je reste? 340

Frantz (*même ton*). J'ai besoin de toi, Leni.

Leni. (*Elle va vers lui avec un visage bouleversé.*) Mon chéri!

[*Elle est proche de lui, elle lève une main hésitante, elle lui caresse le visage.*]

Frantz (*il se laisse faire un instant, puis bondit en arrière*). A distance! A distance respectueuse. Et surtout pas d'émotion.

Leni (*souriant*). Puritain!

Frantz. Puritain? [*Un temps.*] Tu crois? [*Il se rapproche d'elle et lui caresse les épaules et le cou. Elle se laisse faire, troublée.*] 350 Les puritains ne savent pas caresser. [*Il lui caresse la poitrine, elle frissonne et ferme les yeux.*] Moi, je sais. [*Elle se laisse aller contre lui. Brusquement, il se dégage.*] Va-t'en donc! Tu me dégoûtes!

Leni. (*Elle fait un pas en arrière. Avec un calme glacé.*) Pas toujours!

Frantz. Toujours! Toujours! Depuis le premier jour!

Leni. Tombe à genoux! Qu'est-ce que tu attends pour leur demander pardon?

Frantz. Pardon de quoi? Rien ne s'est passé! 360

Leni. Et hier?

Frantz. Rien, je te dis! Rien du tout!

Leni. Rien, sauf un inceste.

Frantz. Tu exagères toujours!

Leni. Tu n'es pas mon frère?

Frantz. Mais si, mais si.

Leni. Tu n'as pas couché avec moi?

Frantz. Si peu.

Leni. Quand tu ne l'aurais fait qu'une fois... As-tu si peur des mots? 370

Frantz (*haussant les épaules*). Les mots! [*Un temps.*] S'il fallait trouver des mots pour toutes les tribulations de cette charogne! [*Il rit.*] Prétendras-tu que je fais l'amour? Oh! sœurette! Tu es là, je t'étreins, l'espèce couche avec l'espèce — comme elle fait chaque nuit sur cette terre un milliard de fois. [*Au plafond.*] Mais je tiens à déclarer que jamais Frantz, fils aîné des Gerlach, n'a désiré Leni, sa sœur cadette.

Leni. Lâche! [*Au plafond.*] Habitants masqués des plafonds, le témoin du siècle est un faux témoin. Moi, Leni, sœur 380 incestueuse, j'aime Frantz d'amour et je l'aime parce qu'il est mon frère. Si peu que vous gardiez le sentiment de la famille, vous nous condamnerez sans recours, mais je m'en moque. [*A Frantz.*] Pauvre égaré, voilà comme il faut leur parler. [*Aux Crabes.*] Il me désire sans m'aimer, il crève de honte, il couche avec moi dans le noir... Après? C'est moi qui gagne. J'ai voulu l'avoir et je l'ai.

Frantz (*aux Crabes*). Elle est folle. [*Il leur fait un clin d'œil.*] Je vous expliquerai. Quand nous serons seuls.

Leni. Je te l'interdis! Je mourrai, je suis déjà morte et je 390 t'interdis de plaider ma cause. Je n'ai qu'un seul juge: moi, et je m'acquitte. O témoin à décharge, témoigne devant toi-même. Tu seras invulnérable, si tu oses déclarer: "J'ai fait ce que j'ai voulu et je veux ce que j'ai fait."

Frantz. (*Son visage se pétrifie brusquement, il a l'air froid, haineux et menaçant. D'une voix dure et méfiante*). Qu'est-ce que j'ai fait, Leni?

Leni (*dans un cri*). Frantz! Ils auront ta peau, si tu ne te défends pas.   400

Frantz. Leni, qu'est-ce que j'ai fait?

Leni (*inquiète et cédant du terrain*). Eh bien... je te l'ai déjà dit...

Frantz. L'inceste? Non, Leni, ce n'est pas de l'inceste que tu parlais. [*Un temps.*] Qu'est-ce que j'ai fait?

[*Un long silence : ils se regardent. Leni se détourne la première.*]

Leni. Bon. J'ai perdu: oublie cela. Je te protégerai sans ton aide: j'ai l'habitude.

Frantz. Va-t'en! [*Temps.*] Si tu n'obéis pas, je fais la grève du silence. Tu sais que je peux tenir deux mois.   410

Leni. Je sais. [*Un temps.*] Moi, je ne peux pas. [*Elle va jusqu'à la porte, ôte la barre, tourne le verrou.*] Ce soir, je t'apporterai le dîner.

Frantz. Inutile: je n'ouvrirai pas.

Leni. C'est ton affaire. La mienne est de te l'apporter. [*Il ne répond pas. En sortant, aux Crabes.*] S'il ne m'ouvre pas, mes jolis, bonne nuit!

[*Elle referme la porte sur elle.*]

II. 2

FRANTZ, *seul*

*Il se retourne, attend un instant, va baisser la barre de fer et
tire le verrou. Son visage reste crispé, pendant cette opération.
Dès qu'il se sent à l'abri, il se détend. Il a l'air rassuré, presque
bonhomme : mais c'est à partir de ce moment qu'il semble le
plus fou.*
*Ses paroles s'adressent aux Crabes, pendant toute la scène.
Ce n'est pas un monologue, mais un dialogue avec des personnages invisibles.*

Frantz. Témoin suspect. A consulter en ma présence et selon
mes indications. [*Un temps. Il a l'air rassuré, las, trop doux.*]
Hé? Fatigante? Pour cela, oui: plutôt fatigante. Mais quel
feu! [*Il bâille.*] Son principal office est de me tenir éveillé.
[*Il bâille.*] Voilà vingt ans qu'il est minuit dans le siècle:
ça n'est pas très commode de garder les yeux ouverts à
minuit. Non, non: de simples somnolences. Cela me
prend quand je suis seul. [*La somnolence gagne du terrain.*]
Je n'aurais pas dû la renvoyer. [*Il chancelle, se redresse
brusquement, pas militaire jusqu'à sa table. Il prend des   10
coquilles et bombarde le portrait de Hitler, en criant.*] Sieg!
Heil! Sieg! Heil! Sieg! [*Au garde-à-vous, claquant les
talons.*] Führer, je suis un soldat. Si je m'endors, c'est
grave, c'est très grave: abandon de poste. Je te jure de
rester éveillé. Envoyez les phares, vous autres! Plein feu;
dans la gueule, au fond des yeux, ça réveille. [*Il attend.*]
Salauds! [*Il va vers sa chaise. D'une voix molle et con-
ciliante.*] Eh bien, je vais m'asseoir un peu... [*Il s'assoit,
dodeline de la tête, clignote des yeux.*] Des roses... Oh!
comme c'est gentil... [*Il se relève si brusquement qu'il   20
renverse la chaise.*] Des roses? Et si je prends le bouquet
on me fera le coup de Carnaval. [*Aux Crabes.*] Un Carnaval
impudent! A moi, les amis, j'en sais trop, on veut me

pousser dans le trou, c'est la grande Tentation! [*Il va jusqu'à sa table de nuit, prend des comprimés dans un tube et les croque.*] Pouah! Chers auditeurs, veuillez prendre note de mon nouvel indicatif: *De Profundis Clamavi*, D.P.C. Tous à l'écoute! Grincez! Grincez! Si vous ne m'écoutez pas, je m'endors. [*Il verse du champagne dans un verre, boit, répand la moitié du liquide sur sa veste militaire,* 30 *laisse retomber son bras le long de son flanc. La coupe pend au bout de ses doigts.*] Pendant ce temps, le siècle cavale... Ils m'ont mis du coton dans la tête. De la brume. C'est blanc. [*Ses yeux clignotent.*] Ça traîne au ras des champs... ça les protège. Ils rampent. Ce soir il y aura du sang.

[*Coups de feu lointains, rumeurs, galopades. Il s'enfonce dans le sommeil, ses yeux sont clos. Le feldwebel Hermann ouvre la porte des cabinets et s'avance vers Frantz, qui s'est retourné vers le public et qui garde les yeux clos. Salut. Garde-à-vous.*] 40

II. 3

FRANTZ, LE FELDWEBEL HERMANN

Frantz (*d'une voix pâteuse et sans ouvrir les yeux*). Des partisans?

Le Feldwebel. Une vingtaine.

Frantz. Des morts?

Le Feldwebel. Non. Deux blessés.

Frantz. Chez nous?

Le Feldwebel. Chez eux. On les a mis dans la grange.

Frantz. Vous connaissez mes ordres. Allez!

[*Le Feldwebel regarde Frantz d'un air hésitant et furieux.*

Le Feldwebel. Bien, mon lieutenant. 10

[*Salut. Demi-tour. Il sort par la porte des cabinets en la refermant sur lui. Un silence. La tête de Frantz tombe sur sa poitrine. Il pousse un hurlement terrible et se réveille.*]

II. 4

FRANTZ, *seul*

Il se réveille en sursaut et regarde le public d'un air égaré.

Frantz. Non! Heinrich! Heinrich! Je vous ai dit non! [*Il se lève péniblement, prend une règle sur la table et se tape sur les doigts de la main gauche. Comme une leçon apprise.*] Bien sûr que si! [*Coups de règle.*] Je prends tout sur moi. Qu'est-ce qu'elle disait? [*Reprenant les mots de Leni à son compte.*] Je fais ce que je veux, je veux ce que je fais. [*Traqué.*] Audience du 20 mai 3059, Frantz von Gerlach, lieutenant. Ne jetez pas mon siècle à la poubelle. Pas sans m'avoir entendu. Le Mal, Messieurs les Magistrats, le Mal, c'était l'unique matériau. On le travaillait dans nos raffineries. Le Bien, c'était le produit fini. Résultat: le Bien tournait mal. Et n'allez pas croire que le Mal tournait bien. [*Il sourit, débonnaire. Sa tête s'incline.*] Eh? [*Criant.*] De la somnolence? Allons donc! Du gâtisme. On veut m'atteindre par la tête. Prenez garde à vous, les juges: si je gâte, mon siècle s'engloutit. Au troupeau des siècles, il manque une brebis galeuse. Que dira le quarantième, Arthropodes, si le vingtième s'est égaré? [*Un temps.*] Pas de secours? Jamais de secours? Que votre volonté soit faite. [*Il regagne le devant de la scène et va pour s'asseoir.*] Ah! Je n'aurais jamais dû la renvoyer. [*On frappe à la porte. Il écoute et se redresse. C'est le signal convenu. Cri de joie.*] Leni! [*Il court à la porte, lève la barre, ôte le verrou, gestes fermes et décidés. Il est tout à fait réveillé. Ouvrant la porte.*] Entre vite! [*Il fait un pas en arrière pour la laisser passer.*]

FRANTZ, JOHANNA

Johanna paraît sur le pas de la porte, très belle, maquillée, longue robe. Frantz fait un pas en arrière.

Frantz *(cri rauque)*. Ha! [*Il recule.*] Qu'est-ce que c'est? [*Elle veut lui répondre, il l'arrête.*] Pas un mot! [*Il recule et s'assied. Il la regarde longuement, assis à califourchon sur sa chaise : il a l'air fasciné. Il fait un signe d'acquiescement et dit, d'une voix contenue.*] Oui. [*Un bref silence.*] Elle entrera... [*Elle fait ce qu'il dit, à mesure qu'il le dit.*] ...et je resterai seul. [*Aux Crabes.*] Merci, camarades! j'avais grand besoin de vos secours. [*Avec une sorte d'extase.*] Elle se taira, ce ne sera qu'une absence; je la regarderai!

Johanna. *(Elle a paru fascinée, elle aussi. Elle s'est reprise. Elle parle en souriant, pour dominer sa peur.)* Il faut pourtant que je vous parle.

Frantz. *(Il s'est éloigné d'elle à reculons, lentement et sans la quitter du regard.)* Non! [*Il frappe sur la table.*] Je savais qu'elle gâcherait tout. [*Un temps.*] Il y a *quelqu'un* à présent. Chez moi! Disparaissez! [*Elle ne bouge pas.*] Je vais vous faire chasser comme une gueuse.

Johanna. Par qui?

Frantz *(criant)*. Leni! [*Un temps.*] Tête étroite et lucide, vous avez trouvé le point faible; je suis seul. [*Il se retourne brusquement. Un temps.*] Qui êtes-vous?

Johanna. La femme de Werner.

Frantz. La femme de Werner? [*Il se lève et la regarde.*] La femme de Werner? [*Il la considère avec stupeur.*] Qui vous envoie?

Johanna. Personne.

Frantz. Comment connaissez-vous le signal?

Johanna. Par Leni.

Frantz (rire sec). Par Leni! Je vous crois bien!

Johanna. Elle frappait. Je l'ai... surprise et j'ai compté les 30
coups.

Frantz. On m'avait prévenu que vous fouiniez partout.
[*Un temps.*] Eh bien, Madame, vous avez couru le risque
de me tuer. [*Elle rit.*] Riez! Riez! J'aurais pu tomber de
saisissement. Qu'auriez-vous fait? On m'interdit les
visites — à cause de mon cœur. Cet organe aurait très
certainement flanché sans une circonstance imprévisible:
le hasard a voulu que vous soyez belle. Oh! un instant:
c'est bien fini. Je vous avais prise Dieu sait pour quoi...
peut-être pour une vision. Profitez de cette erreur salutaire, 40
disparaissez avant de commettre un crime!

Johanna. Non.

Frantz (criant). Je vais... [*Il passe vers elle, menaçant, et
s'arrête. Il se laisse retomber sur une chaise. Il se prend le
pouls.*] Du cent quarante au moins. Mais foutez le camp,
nom de Dieu, vous voyez bien que je vais crever!

Johanna. Ce serait la meilleure solution.

Frantz. Hein? [*Il ôte la main de sa poitrine et regarde Johanna
avec surprise.*] Elle avait raison: vous êtes payée! [*Il se
lève et marche avec aisance.*] On ne m'aura pas si vite. 50
Doucement! Doucement! [*Il revient brusquement sur elle.*]
La meilleure solution? Pour qui? Pour tous les faux
témoins de la terre?

Johanna. Pour Werner et pour moi.   [*Elle le regarde.*

Frantz (ahuri). Je vous gêne?

Johanna. Vous nous tyrannisez.

Frantz. Je ne vous connais même pas.

Johanna. Vous connaissez Werner.

Frantz. J'ai oublié jusqu'à ses traits.

Johanna. On nous retient ici de force. En votre nom. 60

Frantz. Qui?

Johanna. Le père et Leni.

Frantz (amusé). Ils vous battent, ils vous enchaînent?

Johanna. Mais non.

Frantz. Alors?

Johanna. Chantage.

Frantz. Cela oui. Ça les connaît. [*Rire sec. Il revient à son étonnement.*] En mon nom? Que veulent-ils?

Johanna. Nous garder en réserve: nous prendrons la relève en cas d'accident. 70

Frantz (*égayé*). Votre mari fera ma soupe et vous balaierez ma chambre? Savez-vous repriser?

Johanna (*désignant l'uniforme en loques*). Les travaux d'aiguille ne seront pas très absorbants.

Frantz. Détrompez-vous! Ce sont des trous consolidés. Si ma sœur n'avait des doigts de fée... [*Brusquement sérieux.*] Pas de relève: emmenez Werner au diable et que je ne vous revoie plus! [*Il va vers sa chaise. Au moment de s'asseoir, il se retourne.*] Encore là?

Johanna. Oui. 80

Frantz. Vous ne m'avez pas compris: je vous rends votre liberté.

Johanna. Vous ne me rendez rien du tout.

Frantz. Je vous dis que vous êtes libre.

Johanna. Des mots! Du vent!

Frantz. On veut des actes?

Johanna. Oui.

Frantz. Eh bien? Que faire?

Johanna. Le mieux serait de vous supprimer.

Frantz. Encore! [*Petit rire.*] N'y comptez pas. Sans façons. 90

Johanna. (*Un temps.*) Alors, aidez-nous.

Frantz (*suffoque*). Hein?

Johanna (*avec chaleur*). Il faut nous aider, Frantz!

[*Un temps.*

Frantz. Non. [*Un temps.*] Je ne suis pas du siècle. Je sauverai tout le monde à la fois mais je n'aide personne en particulier. [*Il marche avec agitation.*] Je vous interdis de me mêler à vos histoires. Je suis un malade, comprenez-vous? On en profite pour me faire vivre dans la dépendance la plus abjecte et vous devriez avoir honte, vous qui êtes 100 jeune et bien portante, d'appeler un infirme, un opprimé, à votre secours. [*Un temps.*] Je suis fragile, Madame, et ma tranquillité passe avant tout. D'ordre médical. On vous étranglerait sous mes yeux sans que je lève un doigt. [*Avec complaisance.*] Je vous dégoûte?

Johanna. Profondément.

Frantz (se frottant les mains). A la bonne heure!

Johanna. Mais pas assez pour que je m'en aille.

Frantz. Bon. [*Il prend le revolver et la vise.*] Je compte jusqu'à trois. [*Elle sourit.*] Un! [*Un temps.*] Deux! [*Un temps.*] 110 Pfuitt! Plus personne. Escamotée! [*Aux Crabes.*] Quel calme! Elle se tait. Tout est là, camarades: "Sois belle et tais-toi." Une image. Est-ce qu'elle s'inscrit sur votre vitre? Eh non! Qu'est-ce qui s'inscrirait? Rien n'est changé; rien n'est arrivé. La chambre a reçu le vide en coup de faux, voilà tout. Le vide, un diamant qui ne raye aucune vitre, l'absence, la Beauté. Vous n'y verrez que du feu, pauvres Crustacés. Vous avez pris nos yeux pour inspecter ce qui existe. Mais nous, du temps des hommes, avec ces mêmes yeux, il nous arrivait de voir ce qui 120 n'existe pas.

Johanna (tranquillement). Le père va mourir.

[*Un silence. Frantz jette le revolver et se lève brusquement.*

Frantz. Pas de chance! Leni vient de m'apprendre qu'il se portait comme un chêne.

Johanna. Elle ment.

Frantz (avec assurance). A tout le monde, sauf à moi: c'est la règle du jeu. [*Brusquement.*] Allez vous cacher, vous devriez mourir de honte. Une ruse si grossière et si vite éventée! Hein, quoi? Deux fois belle en moins d'une 130 heure — et vous ne profitez même pas de cette chance inouïe! Vous êtes de l'espèce vulgaire, ma jeune belle-sœur, et je ne m'étonne plus que Werner vous ait épousée.

[*Il lui tourne le dos, s'assied, frappe deux coquilles l'une contre l'autre. Visage durci et solitaire: il ignore Johanna.*]

Johanna (pour la première fois déconcertée). Frantz! [*Un silence.*]

106

...Il mourra dans six mois! [*Silence. Surmontant sa peur,
elle s'approche de lui et lui touche l'épaule. Pas de réaction.
Sa main retombe. Elle le regarde en silence.*] Vous avez
raison: je n'ai pas su profiter de ma chance. Adieu! 140
[Elle va pour sortir.

Frantz (*brusquement*). Attendez! [*Elle se retourne lentement.
Il lui tourne le dos.*] Les comprimés, là-bas, dans le tube.
Sur la table de nuit. Passez-les-moi!

Johanna. (*Elle va à la table de nuit.*) Benzédrine: c'est cela?
[*Il acquiesce de la tête. Elle lui jette le tube qu'il attrape au
vol.*] Pourquoi prenez-vous de la benzédrine?

Frantz. Pour vous supporter.   [*Il avale quatre comprimés.*

Johanna. Quatre à la fois?

Frantz. Et quatre tout à l'heure qui font huit. [*Il boit.*] On en 150
veut à ma vie, Madame, je le sais; vous êtes l'outil d'un
assassin. C'est le moment de raisonner juste, hein, quoi?
Et serré. [*Il prend un dernier comprimé.*] Il y avait des
brumes... [*Doigt sur le front.*] ...là. J'y installe un soleil.
[*Il boit, fait un violent effort sur lui-même et se retourne.
Visage précis et dur.*] Cette robe, ces bijoux, ces chaînes
d'or, qui vous a conseillé de les mettre? De les mettre
aujourd'hui? C'est le père qui vous envoie.

Johanna. Non.

Frantz. Mais il vous a donné ses bons avis. [*Elle veut parler.*] 160
Inutile! Je le connais comme si je l'avais fait. Et, pour
tout dire, je ne sais plus trop qui de nous deux a fait
l'autre. Quand je veux prévoir le tour qu'il manigance, je
commence par me lessiver le cerveau et puis je fais confiance
au vide; les premières pensées qui naissent, ce sont les
siennes. Savez-vous pourquoi? Il m'a créé à son image —
à moins qu'il ne soit devenu l'image de ce qu'il créait.
[*Il rit.*] Vous n'y entendez goutte? [*Balayant tout d'un
geste las.*] Ce sont des jeux de reflets. [*Imitant le Père.*]
"Et surtout soyez belle!" Je l'entends d'ici. Il aime la 170
Beauté, ce vieux fou: donc il sait que je ne mets rien
au-dessus d'elle. Sauf ma propre folie. Vous êtes sa

maîtresse? [*Elle secoue le tête.*] C'est qu'il a vieilli! Sa complice, alors?

Johanna. Jusqu'ici, j'étais son adversaire.

Frantz. Un renversement d'alliances? Il adore cela. [*Brusquement sérieux.*] Six mois?

Johanna. Pas plus.

Frantz. Le cœur?

Johanna. La gorge.   180

Frantz. Un cancer? [*Signe de Johanna.*] Trente cigares par jour! l'imbécile! [*Un silence.*] Un cancer? Alors, il se tuera. [*Un temps. Il se lève, prend des coquilles et bombarde le portrait de Hitler.*] Il se tuera, vieux Führer, il se tuera! [*Un silence. Johanna le regarde.*] Qu'est-ce qu'il y a?

Johanna. Rien. [*Un temps.*] Vous l'aimez.

Frantz. Autant que moi-même et moins que le choléra. Que veut-il? Une audience?

Johanna. Non.

Frantz. Tant mieux pour lui. [*Criant.*] Je me moque qu'il   190
vive! Je me moque qu'il crève! Regardez ce qu'il a fait de moi!

[*Il prend le tube de comprimés et va pour en dévisser le couvercle.*]

Johanna (*doucement*). Donnez-moi ce tube.

Frantz. De quoi vous mêlez-vous?

Johanna (*tendant la main*). Donnez-le-moi!

Frantz. Il faut que je me dope: je déteste qu'on change mes habitudes. [*Elle tend toujours la main.*] Je vous le donne mais vous ne me parlerez plus de cette histoire imbécile. D'accord? [*Johanna fait un vague signe qui peut passer pour*   200
un acquiescement.] Bon. [*Il lui donne le tube.*] Moi, je vais tout oublier. A l'instant. J'oublie ce que je veux: c'est une force, hein? [*Un temps.*] Voilà, *Requiescat in pace.* [*Un temps.*] Eh bien? Parlez-moi!

Johanna. De qui? De quoi?

Frantz. De tout, sauf de la famille. De vous.

Johanna. Il n'y a rien à dire.

Frantz. A moi d'en décider. [*Il la regarde attentivement.*] Un

piège à beauté, voilà ce que vous êtes. [*Il la détaille.*] A ce
point, c'est professionnel. [*Un temps.*] Actrice?   210

Johanna. Je l'étais.

Frantz. Et puis?

Johanna. J'ai épousé Werner.

Frantz. Vous n'aviez pas réussi?

Johanna. Pas assez.

Frantz. Figurante? Starlette?

Johanna (*avec un geste qui refuse le passé*). Bah!

Frantz. Star?

Johanna. Comme il vous plaira.

Frantz (*admiration ironique*). Star! et vous n'avez pas   220
réussi? Qu'est-ce que vous vouliez?

Johanna. Qu'est-ce qu'on peut vouloir? Tout.

Frantz (*lentement*). Tout, oui. Rien d'autre. Tout ou rien.
[*Riant.*] Cela finit mal, hein?

Johanna. Toujours.

Frantz. Et Werner? Est-ce qu'il veut *tout*?

Johanna. Non.

Frantz. Pourquoi l'avez-vous épousé?

Johanna. Parce que je l'aimais.

Frantz (*doucement*). Mais non.   230

Johanna (*cabrée*). Quoi?

Frantz. Ceux qui veulent tout...

Johanna (*même jeu*). Eh bien?

Frantz. Ils ne peuvent pas aimer.

Johanna. Je ne veux plus rien.

Frantz. Sauf son bonheur, j'espère!

Johanna. Sauf cela. [*Un temps.*] Aidez-nous!

Frantz. Qu'attendez-vous de moi?

Johanna. Que vous ressuscitiez.

Frantz. Tiens! [*Riant.*] Vous me proposiez le suicide.   240

Johanna. C'est l'un ou l'autre.

Frantz (*mauvais ricanement*). Tout s'éclaire! [*Un temps.*]
Je suis inculpé de meurtre et c'est ma mort civile qui a
mis fin aux poursuites. Vous le saviez, n'est-ce pas?

Johanna. Je le savais.

Frantz. Et vous voulez que je ressuscite?

Johanna. Oui.

Frantz. Je vois. [*Un temps.*] Si l'on ne peut pas tuer le beau-frère, on le fait mettre sous les verrous. [*Elle hausse les épaules.*] Dois-je attendre ici la police ou me constituer 250 prisonnier?

Johanna (*agacée*). Vous n'irez pas en prison.

Frantz. Non?

Johanna. Évidemment non.

Frantz. Alors, c'est qu'il arrangera mon affaire. [*Johanna fait un signe d'acquiescement.*] Il ne se décourage donc pas? [*Avec une ironie pleine de ressentiment.*] Que n'a-t-il fait pour moi, le brave homme! [*Geste pour désigner la chambre et lui-même.*) Et voilà le résultat! [*Avec violence.*] Allez tous au diable! 260

Johanna (*déception accablée*). Oh! Frantz! Vous êtes un lâche!

Frantz (*se redressant avec violence*). Quoi? [*Il se reprend. Avec un cynisme appliqué.*] Eh bien, oui. Après?

Johanna. Et ça? [*Elle effleure du bout des doigts ses médailles.*

Frantz. Ça? [*Il arrache une médaille, ôte le papier d'argent. Elle est en chocolat, il la mange.*] Oh! je les ai toutes gagnées; elles sont à moi, j'ai le droit de les manger. L'héroïsme, voilà mon affaire. Mais les héros... Enfin, vous savez ce que c'est.

Johanna. Non. 270

Frantz. Eh bien, il y a de tout: des gendarmes et des voleurs, des militaires et des civils — peu de civils —, des lâches et même des hommes courageux; c'est la foire. Un seul trait commun: les médailles. Moi, je suis un héros lâche et je porte les miennes en chocolat: c'est plus décent. Vous en voulez? N'hésitez pas! j'en ai plus de cent dans mes tiroirs.

Johanna. Volontiers.

[*Il arrache une médaille et la lui tend. Elle la prend et la mange.*

Frantz (*brusquement avec violence*). Non! 280

Johanna. Plaît-il?

Frantz. Je ne me laisserai pas juger par la femme de mon frère cadet. [*Avec force.*] Je ne suis pas un lâche, Madame, et la prison ne me fait pas peur: j'y vis. Vous ne résisteriez pas trois jours au régime que l'on m'impose.

Johanna. Qu'est-ce que cela prouve? Vous l'avez choisi.

Frantz. Moi? Mais je ne choisis jamais, ma pauvre amie! Je suis choisi. Neuf mois avant ma naissance, on a fait choix de mon nom, de mon office, de mon caractère et de mon destin. Je vous dis qu'on me l'impose, ce régime cellulaire, 290 et vous devriez comprendre que je ne m'y soumettrais pas sans une raison capitale.

Johanna. Laquelle?

Frantz. (*Il fait un pas en arrière. Un bref silence.*) Vos yeux brillent. Non, Madame, je ne ferai pas d'aveux.

Johanna. Vous êtes au pied du mur, Frantz: ou vos raisons seront valables, ou la femme de votre frère cadet vous jugera sans recours.

[*Elle s'est approchée de lui et veut détacher une médaille.*

Frantz. C'est vous, la mort? Non, prenez plutôt les croix: 300 c'est du chocolat suisse.

Johanna (*prenant une croix*). Merci. [*Elle s'éloigne un peu de lui.*] La mort? Je lui ressemble?

Frantz. Par moments.

Johanna. (*Elle jette un coup d'œil à la glace.*) Vous m'étonnez. Quand?

Frantz. Quand vous êtes belle. [*Un temps.*] Vous leur servez d'outil, Madame. Ils se sont arrangés pour que vous me demandiez des comptes. Et si je vous les rends, je risque ma peau. [*Un temps.*] Tant pis: je prends tous les risques, 310 allez-y!

Johanna (*après un temps*). Pourquoi vous cachez-vous ici?

Frantz. D'abord, je ne me cache pas. Si j'avais voulu échapper aux poursuites, il y a beau temps que je serais parti pour l'Argentine. [*Montrant le mur.*] Il y avait une fenêtre. Ici. Elle donnait sur ce qui fut notre parc.

Johanna. Sur ce qui *fut*?

Frantz. Oui. [*Ils se regardent un instant. Il reprend.*] Je l'ai fait murer. [*Un temps.*] Il se passe quelque chose. Au dehors. Quelque chose que je ne peux pas voir.   320

Johanna. Quoi?

Frantz. (*Il la regarde avec défi.*) L'assassinat de l'Allemagne. [*Il la regarde toujours, mi-suppliant, mi-menaçant, comme pour l'empêcher de parler : ils ont atteint la zone dangereuse.*] Taisez-vous: j'ai vu les ruines.

Johanna. Quand?

Franz. A mon retour de Russie.

Johanna. Il y a quatorze ans de cela.

Frantz. Oui.

Johanna. Et vous croyez que rien n'a changé?   330

Frantz. Je *sais* que tout empire d'heure en heure.

Johanna. C'est Leni qui vous informe?

Frantz. Oui.

Johanna. Lisez-vous les journaux?

Frantz. Elle les lit pour moi. Les villes rasées, les machines brisées, l'industrie saccagée, la montée en flèche du chômage, et de la tuberculose, la chute verticale des naissances, rien ne m'échappe. Ma sœur recopie toutes les statistiques [*désignant le tiroir de la table*), elles sont rangées dans ce tiroir; le plus beau meurtre de l'Histoire, 340 j'ai toutes les preuves. Dans vingt ans au moins, dans cinquante ans au plus, le dernier Allemand sera mort. Ne croyez pas que je me plaigne: nous sommes vaincus, on nous égorge, c'est impeccable. Mais vous comprenez peut-être que je n'aie pas envie d'assister à cette boucherie. Je ne ferai pas le circuit touristique des cathédrales détruites et des fabriques incendiées, je ne rendrai pas visite aux familles entassées dans les caves, je ne vaga-bonderai pas au milieu des infirmes, des esclaves, des traîtres et des putains. Je suppose que vous êtes habituée 350 à ce spectacle mais, je vous le dis franchement, il me serait insupportable. Et les lâches, à mes yeux, sont ceux qui

peuvent le supporter. Il fallait la gagner, cette guerre. Par
tous les moyens. Je dis bien *tous*; hein, quoi? ou dis-
paraître. Croyez que j'aurais eu le courage militaire de me
faire sauter la tête, mais puisque le peuple allemand
accepte l'abjecte agonie qu'on lui impose, j'ai décidé de
garder une bouche pour crier non. [*Il s'énerve brusquement.*]
Non! *Non coupable!* [*Criant.*] Non! [*Un silence.*] Voilà.

Johanna (*lentement; elle ne sait que décider*). L'abjecte agonie   360
qu'on lui impose...

Frantz (*sans la quitter des yeux*). J'ai dit: voilà, voilà tout.

Johanna (*distraitement*). Eh oui, voilà. Voilà tout. [*Un temps.*]
C'est pour cette seule raison que vous vous enfermez?

Frantz. Pour cette seule raison. [*Un silence. Elle réfléchit.*]
Qu'est-ce qu'il y a? Finissez votre travail. Je vous ai fait
peur?

Johanna. Oui.

Frantz. Pourquoi, bonne âme?

Johanna. Parce que vous avez peur.   370

Frantz. De vous?

Johanna. De ce que je vais dire. [*Un temps.*] Je voudrais ne
pas savoir ce que je sais.

Frantz (*dominant son angoisse mortelle, avec défi*). Qu'est-ce
que vous savez? [*Elle hésite, ils se mesurent du regard.*]
Hein? Qu'est-ce que vous savez? [*Elle ne répond pas. Un
silence. Ils se regardent: ils ont peur. On frappe à la porte:
cinq, quatre, trois fois deux. Frantz sourit vaguement. Il se
lève et va ouvrir une des portes du fond. On entrevoit une
baignoire. A voix basse.*] Ce ne sera qu'un instant.   380

Johanna (*à mi-voix*). Je ne me cacherai pas.

Frantz (*un doigt sur les lèvres*). Chut! [*A voix basse.*] Si vous
faites la fière, vous perdez le bénéfice de votre petite
combinaison.

[*Elle hésite, puis se décide à entrer dans la salle de bains. On
frappe encore.*]

II. 6

FRANTZ, LENI

[*Leni porte un plateau.*]

Leni (stupéfaite). Tu ne t'es pas verrouillé?
Frantz. Non.
Leni. Pourquoi?
Frantz (sec). Tu m'interroges? [*Vite.*] Donne-moi ce plateau
et reste ici.
[*Il lui prend le plateau des mains et va le porter sur la table.*
Leni (ahurie). Qu'est-ce qui te prend?
Frantz. Il est trop lourd. [*Il se retourne et la regarde.*] Me
reprocherais-tu mes bons mouvements?
Leni. Non, mais j'en ai peur. Quand tu deviens bon, je 10
m'attends au pire.
Frantz (riant). Ha! Ha! [*Elle entre et ferme la porte derrière*
elle.] Je ne t'ai pas dit d'entrer. [*Un temps. Il prend une*
aile de poulet et mange.] Eh bien, je m'en vais dîner. A
demain.
Leni. Attends. Je veux te demander pardon. C'est moi qui
t'ai cherché querelle.
Frantz (la bouche pleine). Querelle?
Leni. Oui, tout à l'heure.
Frantz (vague). Ah oui! Tout à l'heure... [*Vivement.*] Eh 20
bien, voilà! Je te pardonne.
Leni. Je t'ai dit que j'avais peur de te mépriser: c'était faux.
Frantz. Parfait! Parfait! Tout est parfait.

[*Il mange.*

Leni. Tes crabes, je les accepte, je me soumets à leur tribunal.
Veux-tu que je le leur dise? [*Aux Crabes.*] Crustacés, je
vous révère.
Frantz. Qu'est-ce qui te prend?
Leni. Je ne sais pas. [*Un temps.*] Il y a cela aussi que je voulais

te dire: j'ai besoin que tu existes, toi, l'héritier du nom,   30
le seul dont les caresses me troublent sans m'humilier.
[*Un temps.*] Je ne vaux rien, mais je suis née Gerlach, cela
veut dire: folle d'orgueil — et je ne puis faire l'amour
qu'avec un Gerlach. L'inceste, c'est ma loi, c'est mon
destin. [*Riant.*] En un mot, c'est ma façon de resserrer les
liens de famille.

Frantz (*impérieusement*). Suffit. A demain la psychologie.
[*Elle sursaute, sa défiance lui revient, elle l'observe.*] Nous
sommes réconciliés, je t'en donne ma parole. [*Un silence.*]
Dis-moi, la bossue...   40

Leni (*prise au dépourvu*). Quelle bossue?

Frantz. La femme de Werner. Est-elle jolie au moins?

Leni. Ordinaire.

Frantz. Je vois. [*Un temps. Sérieusement.*] Merci, petite sœur.
Tu as fait ce que tu as pu. Tout ce que tu as pu. [*Il la
reconduit jusqu'à la porte. Elle se laisse faire, mais demeure
inquiète.*] Je n'étais pas un malade très commode, hein?
Adieu!

Leni (*essayant de rire*). Quelle solennité! Je te reverrai demain,
tu sais.   50

Frantz (*doucement, presque tendrement*). Je l'espère de tout
mon cœur.

[*Il a ouvert la porte. Il se penche et l'embrasse sur le front. Elle
hausse la tête, l'embrasse brusquement sur la bouche et sort.*]

II. 7

FRANTZ, *seul*

*Il referme la porte, met le verrou, sort son mouchoir et s'essuie les
lèvres. Il revient vers la table.*

Frantz. Ne vous y trompez pas, camarades: Leni ne *peut pas*
mentir. [*Montrant la salle de bains.*] La menteuse est là:

je vais la confondre, hein, quoi? N'ayez crainte: je connais plus d'un tour. Vous assisterez ce soir à la déconfiture d'un faux témoin. [*Il s'aperçoit que ses mains tremblent, fait un violent effort sur lui-même sans les quitter des yeux.*] Allons, mes petites, allons donc! Là! [*Elles cessent peu à peu de trembler. Coup d'œil à la glace, il tire sur sa veste et rajuste son ceinturon. Il a changé. Pour la première fois, depuis le début du tableau, il a la pleine maîtrise de soi. Il va à la porte de la salle de bains, l'ouvre et s'incline.*] Au travail, Madame!

[*Johanna entre. Il ferme la porte et la suit, dur, aux aguets. Durant toute la scène suivante, il sera visible qu'il cherche à la dominer.*]

II. 8

FRANTZ, JOHANNA

Frantz a refermé la porte, Il revient se placer devant Johanna. Johanna a fait un pas vers la porte d'entrée. Elle s'arrête.

Frantz. Ne bougez pas. Leni n'a pas quitté le salon.
Johanna. Qu'y fait-elle?
Frantz. De l'ordre. [*Un nouveau pas.*] Vos talons! [*Il frappe de petits coups contre la porte pour imiter le bruit des talons de femme. Frantz parle sans quitter Johanna des yeux. On sent qu'il mesure le risque qu'il court et que ses paroles sont calculées.*] Vous vouliez partir, mais vous aviez des révélations à me faire?
Johanna. (*Elle semble mal à l'aise depuis qu'elle est sortie de la salle de bains.*) Mais non.
Frantz. Ah? [*Un temps.*] Tant pis! [*Un temps.*] Vous ne direz rien?
Johanna. Je n'ai rien à dire.
Frantz. (*Il se lève brusquement.*) Non, ma chère belle-sœur, ce

serait trop commode. On a voulu m'affranchir, on a changé d'avis et puis l'on s'en ira pour toujours en laissant derrière soi des doutes choisis qui vont m'empoisonner : pas de ça ! [*Il va à la table, prend deux coupes et une bouteille. En versant du champagne dans les coupes.*] C'est l'Allemagne ? Elle se relève ? Nous nageons dans la prospérité ? 20

Johanna (*exaspérée*). L'Allemagne...

Frantz (*très vite, se bouchant les oreilles*). Inutile ! Inutile ! Je ne vous croirai pas. [*Johanna le regarde, hausse les épaules et se tait. Il marche, désinvolte et plein d'aisance.*] En somme, c'est un échec.

Johanna. Quoi ?

Frantz. Votre équipée.

Johanna. Oui. [*Un temps, voix sourde.*] Il fallait vous guérir ou vous tuer.

Frantz. Eh oui ! [*Aimablement.*] Vous trouverez autre chose. 30
[*Un temps.*] Moi, vous m'avez donné le plaisir de vous regarder et je tiens à vous remercier de votre générosité.

Johanna. Je ne suis pas généreuse.

Frantz. Comment appellerez-vous la peine que vous avez prise ? Et ce travail au miroir ? Cela vous a coûté plusieurs heures. Que d'apprêts pour un seul homme !

Johanna. Je fais cela tous les soirs.

Frantz. Pour Werner.

Johanna. Pour Werner. Et quelquefois pour ses amis.

Frantz. (*Il secoue la tête en souriant.*) Non. 40

Johanna. Je traîne en souillon dans ma chambre ? Je me néglige ?

Frantz. Non plus. [*Il cesse de la regarder, tourne les yeux vers le mur et la décrit comme il l'imagine.*] Vous vous tenez droite. Très droite. Pour garder la tête hors de l'eau. Cheveux tirés. Lèvres nues. Pas un grain de poudre. Werner a droit aux soins, à la tendresse, aux baisers : aux sourires, jamais ; vous ne souriez plus.

Johanna (*souriant*). Visionnaire !

Frantz. Les séquestrés disposent de lumières spéciales qui leur permettent de se reconnaître entre eux. 50

Johanna. Ils ne doivent pas se rencontrer bien souvent.

Frantz. Eh bien, vous voyez: cela se produit quelquefois.

Johanna. Vous me reconnaissez?

Frantz. Nous nous reconnaissons.

Johanna. Je suis une séquestrée? [*Elle se lève, se regarde dans la glace et se retourne, très belle, provocante pour la première fois.*) Je n'aurais pas cru.

[*Elle va vers lui.*

Frantz (*vivement*). Vos talons!

[*Johanna ôte ses souliers en souriant et les jette l'un après l'autre* 60 *contre le portrait de Hitler.*]

Johanna (*proche de Frantz*). J'ai vu la fille d'un client de Werner: enchaînée, trente-cinq kilos, couverte de poux. Je lui ressemble?

Frantz. Comme une sœur. Elle voulait tout, je suppose: c'est jouer perdant. Elle a tout perdu et s'est enfermée dans sa chambre pour faire semblant de tout refuser.

Johanna (*agacée*). Va-t-on parler de moi longtemps? [*Elle fait un pas en arrière et, désignant le plancher.*] Leni doit avoir quitté le salon.   70

Frantz. Pas encore.

Johanna (*coup d'œil au bracelet-montre*). Werner va rentrer, Huit heures.

Frantz (*violent*). Non! [*Elle le regarde avec surprise.*] Jamais d'heure ici: l'Éternité. [*Il se calme.*] Patience: vous serez libre bientôt.

[*Un temps.*

Johanna (*mélange de défi et de curiosité*). Alors? Je me séquestre?

Frantz. Oui.

Johanna. Par orgueil?   80

Frantz. Dame!

Johanna. Qu'est-ce qui vous manque?

Frantz. Vous n'étiez pas assez belle.

Johanna (*souriant*). Flatteur!

Frantz. Je dis ce que vous pensez.

Johanna. Et vous? Que pensez-vous?

Frantz. De moi?

Johanna. De moi.

Frantz. Que vous êtes possédée.

Johanna. Folle? 90

Frantz. A lier.

Johanna. Qu'est-ce que vous me racontez? Votre histoire ou la mienne?

Frantz. La nôtre.

Johanna. Qu'est-ce qui vous possédait, vous?

Frantz. Est-ce que cela porte un nom? Le vide. [*Un temps.*] Disons: la grandeur... [*Il rit.*] Elle me possédait mais je ne la possédais pas.

Johanna. Voilà.

Johanna. Oui. 100

Frantz. Vous vous guettiez, hein? Vous cherchiez à vous surprendre? [*Johanna fait un signe d'acquiescement.*] Vous vous êtes attrapée?

Johanna. Pensez-vous! [*Elle se regarde dans la glace sans complaisance.*] Je voyais ça. [*Elle désigne son reflet. Un temps.*] J'allais dans les salles de quartier. Quand la star Johanna Thies glissait sur le mur du fond, j'entendais une petite rumeur. Ils étaient émus, chacun par l'émotion de l'autre. Je regardais...

Frantz. Et puis? 110

Johanna. Et puis rien. Je n'ai jamais vu ce qu'ils voyaient. [*Un temps.*] Et vous?

Frantz. Eh bien, j'ai fait comme vous: je me suis raté. On m'a décoré devant l'armée entière. Est-ce que Werner vous trouve belle?

Johanna. J'espère bien que non. Un seul homme, vous pensez! Est-ce que cela compte?

Frantz (lentement). Moi, je vous trouve belle.

Johanna. Tant mieux pour vous mais ne m'en parlez pas. Personne, vous m'entendez, personne, depuis que le 120 public m'a rejetée... [*Elle se calme un peu et rit.*] Vous vous prenez pour un corps d'armée.

119

Frantz. Pourquoi pas? [*Il ne cesse pas de la regarder.*] Il faut me croire, c'est votre chance, si vous me croyez, je deviens innombrable.

Johanna (*riant nerveusement*). C'est un marché: "Entrez dans ma folie, j'entrerai dans la vôtre."

Frantz. Pourquoi pas? Vous n'avez plus rien à perdre. Et, quant à ma folie, il y a longtemps que vous y êtes entrée. [*Désignant la porte d'entrée.*] Quand je vous ai ouvert la 130 porte, ce n'est pas moi que vous avez vu: c'est quelque image au fond de mes yeux.

Johanna. Parce qu'ils sont vides.

Frantz. Pour cela même.

Johanna. Je ne me rappelle même plus ce que c'était, la photo d'une star défunte. Tout a disparu quand vous avez parlé.

Frantz. Vous avez parlé d'abord.

Johanna. Ce n'était pas supportable. Il fallait rompre le silence.

Frantz. Rompre le charme. 140

Johanna. De toute manière, c'était bien fini. [*Un temps.*] Qu'est-ce qui vous prend? [*Elle rit nerveusement.*] On dirait l'œil de la camera. Assez. Vous êtes mort.

Frantz. Pour vous servir. La mort est le miroir de la mort. Ma grandeur reflète votre beauté.

Johanna. C'est aux vivants que je voulais plaire.

Frantz. Aux foules éreintées qui rêvent de mourir? Vous leur montriez le visage pur et tranquille de l'Éternel Repos. Les cinémas sont des cimetières, chère amie. Comment vous appelez-vous? 150

Johanna. Johanna.

Frantz. Johanna, je ne vous désire pas, je ne vous aime pas. Je suis votre témoin et celui de tous les hommes. Je porte témoignage devant les siècles et je dis: vous êtes belle.

Johanna (*comme fascinée*). Oui.

　　　　　　　　　　　　　[*Il frappe violemment sur la table.*

Frantz (*d'une voix dure*) Avouez que vous avez menti: dites que l'Allemagne agonise.

Johanna. (Elle tressaille presque douloureusement. C'est un réveil.) Ha! [*Elle frissonne, son visage se crispe. Elle devient* 160 *un instant presque laide.*] Vous avez tout gâché.

Frantz. Tout: j'ai brouillé l'image. [*Brusquement.*] Et vous voudriez me faire revivre? Vous casseriez le miroir pour rien. Je descendrais parmi vous. Je mangerais la soupe en famille et vous iriez à Hambourg avec votre Werner. Où cela nous mènera-t-il?

Johanna. (Elle s'est reprise. Souriant.) A Hambourg.

Frantz. Vous n'y serez plus jamais belle.

Johanna. Non, plus jamais.

Frantz. Ici, vous le serez tous les jours.   170

Johanna. Oui, si je reviens tous les jours.

Frantz. Vous reviendrez.

Johanna. Vous ouvrirez la porte?

Frantz. Je l'ouvrirai.

Johanna (*imitant Frantz*). Où cela nous mènera-t-il?

Frantz. Ici, dans l'Éternité.

Johanna (*souriant*). Dans un délire à deux… [*Elle réfléchit. La fascination disparue, on sent qu'elle revient à ses projets initiaux.*] Bon. Je reviendrai.

Frantz. Demain?   180

Johanna. Demain, peut-être.

Frantz (*doucement. Silence de Johanna.*) Dites que l'Allemagne agonise. Dites-le, sinon le miroir est en miettes. [*Il s'énerve, ses mains recommencement à trembler.*] Dites-le! Dites-le! Dites-le!

Johanna (*lentement*). Un délire à deux: soit. [*Un temps.*] L'Allemagne est à l'agonie.

Frantz. C'est bien vrai?

Johanna. Oui.

Frantz. On nous égorge?   190

Johanna. Oui.

Frantz. Bien. [*Il tend l'oreille.*] Elle est partie. [*Il va ramasser les souliers de Johanna, s'agenouille devant elle et les lui chausse. Elle se lève. Il se relève et s'incline, claquant les*

talons.] A demain! [*Johanna va presque jusqu'à la porte,
il la suit, tire le verrou, ouvre la porte. Elle lui fait un signe
de tête et un très léger sourire. Elle va pour partir, il l'arrête.*]
Attendez! [*Elle se retourne, il la regarde avec une défiance
soudaine.*] Qui a gagné?

Johanna. Gagné quoi?   200

Frantz. La première manche.

Johanna. Devinez.

[*Elle sort. Il ferme la porte. Barre de fer. Verrou. Il semble
soulagé. Il remonte vers le milieu de la pièce. Il s'arrête.*]

II. 9

FRANTZ, *seul*

Frantz. Ouf! [*Le sourire reste an instant sur son visage et puis
les traits se crispent. Il a peur.*] De profundis clamavi!
[*La souffrance le submerge.*] Grincez! Grincez! Grincez
donc!   [*Il se met à trembler.*

Fin de l'acte II

ACTE TROISIÈME

Le bureau de Werner. Meubles modernes. Un miroir. Deux portes.

III. 1

LE PÈRE, LENI

On frappe. La scène est déserte. On frappe encore. Puis le Père entre. Il porte une serviette de la main gauche ; son imperméable est enroulé sur son bras droit. Il referme la porte, pose imperméable et serviette sur un fauteuil puis, se ravisant, revient à la porte et l'ouvre.

Le Père (*appelant à la cantonade*). Je te vois ! [*Un très léger silence.*] Leni !

[*Leni paraît au bout d'un instant.*

Leni (*avec un peu de défi*). Me voilà !

Le Père (*en lui caressant les cheveux*). Bonjour. Tu te cachais ?

Leni (*léger recul*). Bonjour, père. Je me cachais, oui. [*Elle le regarde.*] Quelle mine !

Le Père. Le voyage m'a fouetté le sang.

[*Il tousse. Toux sèche et brève qui fait mal.*

Leni. Il y a la grippe à Leipzig ? 10

Le Père (*sans comprendre*). La grippe ? [*Il a compris.*] Non. Je tousse. [*Elle le regarde avec une sorte de peur.*] Qu'est-ce que cela peut te faire ?

Leni. (*Elle s'est détournée et regarde dans le vide.*) J'espère que cela ne me fera rien. [*Un temps.*

123

Le Père (*jovial*). Donc, tu m'espionnais?

Leni (*amiable*). Je vous épiais. Chacun son tour.

Le Père. Tu me perds pas de temps: j'arrive.

Leni. Je voulais savoir ce que vous feriez en arrivant.

Le Père. Tu vois: je rends visite à Werner.   20

Leni (*coup d'œil à son bracelet-montre*). Vous savez très bien que Werner est aux chantiers.

Le Père. Je l'attendrai.

Leni (*feignant la stupeur*). Vous?

Le Père. Pourquoi pas?   [*Il s'assied.*

Leni. Pourquoi pas, en effet? [*Elle s'assied à son tour.*] En ma compagnie?

Le Père. Seul.

Leni. Bien. [*Elle se relève.*] Qu'avez-vous fait?

Le Père (*étonné*). A Leipzig?   30

Leni. Ici.

Le Père (*même jeu*). Qu'est-ce que j'ai fait?

Leni. Je vous le demande.

Le Père. Il y a six jours que je suis parti, mon enfant.

Leni. Qu'avez-vous fait dimanche soir?

Le Père. Ah! Tu m'agaces. [*Un temps.*] Rien. J'ai dîné et j'ai dormi.

Leni. Tout a changé. Pourquoi?

Le Père. Qu'est-ce qui a changé?

Leni. Vous le savez.   40

Le Père. Je sors d'avion: je ne sais rien, je n'ai rien vu.

Leni. Vous me voyez.

Le Père. Justement. [*Un temps.*] Tu ne changeras jamais, Leni. Quoi qu'il arrive.

Leni. Père! [*Désignant le miroir.*] Moi aussi, je me vois. [*Elle s'en approche.*] Naturellement vous m'avez décoiffée. [*Se recoiffant.*] Quand je me rencontre…

Le Père. Tu ne te reconnais plus?

Leni. Plus du tout. [*Elle laisse tomber les bras.*] Bah! [*Se regardant avec une lucidité étonnée.*] Quelle futilité! [*Sans   50 se retourner.*] Hier, au dîner, Johanna s'était fardée.

Le Père. Ah? [*Ses yeux brillent un instant mais il se reprend.*]
Alors?

Leni. Rien de plus.

Le Père. C'est ce que toutes les femmes font tous les jours.

Leni. C'est ce qu'elle ne fait jamais.

Le Père. Elle aura voulu reprendre en main son mari.

Leni. Son mari! [*Moue insultante.*] Vous n'avez pas vu ses yeux.

Le Père (*souriant*). Eh bien, non. Qu'est-ce qu'ils avaient?

Leni (*brièvement*). Vous les verrez. [*Un temps. Rire sec.*] Ah!   60
vous ne reconnaîtrez personne. Werner parle haut; il
mange et boit comme quatre.

Le Père. Ce n'est pas moi qui vous ai changés.

Leni. Qui d'autre?

Le Père. Personne: les folies de ce vieux gosier. Bon: quand
un père prend congé... Mais de quoi te plains-tu? Je vous
ai donné six mois de préavis. Vous aurez tout le temps de
vous y faire et tu devrais me remercier.

Leni. Je vous remercie. [*Un temps. D'une voix changée.*]
Dimanche dans la soirée, vous nous avez fait cadeau   70
d'une bombe à retardement. Où est-elle? [*Le Père hausse
les épaules et sourit.*] Je le trouverai.

Le Père. Une bombe! Pourquoi veux-tu...?

Leni. Les grands de ce monde ne supportent pas de mourir
seuls.

Le Père. Je vais faire sauter la famille entière?

Leni. La famille, non: vous ne l'aimez pas assez pour cela.
[*Un temps.*] Frantz.

Le Père. Pauvre Frantz! Je l'emporterais seul dans ma tombe
quand l'univers me survivra? Leni, j'espère bien que tu   80
m'en empêcheras.

Leni. Comptez sur moi. [*Elle fait un pas vers lui.*] Si quelqu'un
tente de l'approcher, vous partirez tout de suite et seul.

Le Père. Bon. [*Un silence. Il s'assied.*] Tu n'as rien d'autre à
me dire? [*Elle fait signe que non. Avec autorité mais sans
changer de ton.*] Va-t'en.

[*Leni le regarde un instant, incline la tête et sort. Le Père se lève, va ouvrir la porte, jette un coup d'œil dans le couloir comme pour vérifier que Leni ne s'y cache pas, referme la porte, lui donne un tour de clé et met son mouchoir sur la clé de manière à masquer la serrure. Il se retourne, traverse la pièce, va à la porte du fond et l'ouvre.]* 90

III. 2

LE PÈRE, *puis* JOHANNA

Le Père (d'une voix forte). Johanna!

[*Il est interrompu par une quinte de toux. Il se retourne: à présent qu'il est seul, il ne se maîtrise plus, et visiblement, il souffre. Il va au bureau, prend une carafe, se verse un verre d'eau et le boit. Johanna entre par la porte du fond et le voit de dos.*]

Johanna. Qu'est-ce que... [*Il se retourne.*] C'est vous?

Le Père (d'une voix encore étranglée). Eh bien, oui! [*Il lui baise la main. Sa voix s'affermit.*] Vous ne m'attendiez pas?

Johanna. Je vous avais oublié. [*Elle se reprend et rit.*] Vous avez fait un bon voyage? 10

Le Père. Excellent. [*Elle regarde le mouchoir sur la clé.*] Ce n'est rien: un œil crevé. [*Un temps. Il la regarde.*] Vous n'êtes pas fardée.

Johanna. Non.

Le Père. Vous n'irez donc pas chez Frantz?

Johanna. Je n'irai chez personne: j'attends mon mari.

Le Père. Mais vous l'avez vu?

Johanna. Qui?

Le Père. Mon fils. 20

Johanna. Vous avez deux fils et je ne sais duquel vous parlez.

Le Père. De l'aîné. [*Un silence.*] Eh bien, mon enfant?

Johanna (sursautant). Père?

Le Père. Et notre accord?

Johanna (avec un air de stupeur amusée). C'est vrai: vous avez
des droits! Quelle comédie. [*Presque en confidence.*] Tout
est comique, au rez-de-chaussée, même vous qui allez
mourir. Comment faites-vous pour garder cet air raisonnable? [*Un temps.*] Bon, je l'ai vu. [*Un temps.*] Je suis sûre
que vous ne comprendrez rien.   30

Le Père. (*Il s'attendait à cet aveu mais ne peut l'entendre sans
une sorte d'angoisse.*) Vous avez vu Frantz? [*Un temps.*]
Quand? Lundi?

Johanna. Lundi et tous les autres jours.

Le Père. Tous les jours! [*Stupéfait.*] Cinq fois?

Johanna. Il faut croire. Je n'ai pas compté.

Le Père. Cinq fois! [*Un temps.*] C'est un miracle.

[*Il se frotte les mains.*

Johanna (avec autorité et sans élever la voix). S'il vous plaît.
[*Le Père remet les mains dans ses poches.*] Ne vous réjouissez   40
pas.

Le Père. Il faut m'excuser, Johanna. Dans l'avion de retour,
j'avais des sueurs froides: je croyais tout perdu.

Johanna. Eh bien?

Le Père. J'apprends que vous le voyez chaque jour.

Johanna. C'est moi qui perds tout.

Le Père. Pourquoi? [*Elle hausse les épaules.*] Mon enfant, s'il
vous ouvre sa porte, il faut que vous vous entendiez, tous
les deux.

Johanna. Nous nous entendons. [*Ton cynique et dur.*] Comme   50
larrons en foire.

Le Père (déconcerté). Hein? [*Silence.*] Enfin, vous êtes bons amis?

Johanna. Tout sauf des amis.

Le Père. Tout? [*Un temps.*] Vous voulez dire…

Johanna (surprise). Quoi? [*Elle éclate de rire.*] Amants?
Figurez-vous que nous n'y avons pas pensé. Était-ce
nécessaire à vos projets?

Le Père (avec un peu d'humeur). Je m'excuse, ma bru, mais
c'est votre faute: vous ne m'expliquez rien parce que
vous avez décidé que je ne comprendrais pas.   60

Johanna. Il n'y a rien à expliquer.

Le Père (inquiet). Il n'est pas... malade, au moins?

Johanna. Malade? [*Elle comprend. Avec un écrasant mépris.*] Oh! Fou? [*Haussant les épaules.*] Que voulez-vous que j'en sache?

Le Père. Vous le voyez vivre.

Johanna. S'il est fou, je suis folle. Et pourquoi ne le serais-je pas?

Le Père. En tout cas vous pouvez me dire s'il est malheureux.

Johanna (amusée). Et voilà [*En confidence.*] Là-haut, les mots 70 n'ont pas le même sens.

Le Père. Bien. Comment dit-on, là-haut, qu'on souffre?

Johanna. On ne souffre pas.

Le Père. Ah?

Johanna. On est occupé.

Le Père. Frantz est occupé? [*Signe de Johanna.*] A quoi?

Johanna. A quoi? Vous voulez dire: par qui?

Le Père. Oui: c'est ce que je veux dire. Alors?

Johanna. Cela ne me regarde pas.

Le Père (doucement). Vous ne voulez pas me parler de lui? 80

Johanna (avec une profonde lassitude). En quelle langue? Il faut tout le temps traduire: cela me fatigue. [*Un temps.*] Je vais m'en aller, père.

Le Père. Vous l'abandonnerez?

Johanna. Il n'a besoin de personne.

Le Père. Naturellement, c'est votre droit, vous êtes libre. [*Un temps.*] Vous m'aviez fait une promesse.

Johanna. Je l'ai tenue.

Le Père. Il sait... [*Signe de Johanna.*] Qu'a-t-il dit?

Johanna. Que vous fumiez trop. 90

Le Père. Et puis?

Johanna. Rien d'autre.

Le Père (profondément blessé). Je le savais! Elle lui ment sur toute la ligne, la garce! Que ne lui aura-t-elle pas raconté, pendant treize ans...

      [*Johanna rit doucement. Il s'arrête net et la regarde.*

Johanna. Vous voyez bien que vous ne comprenez pas! [*Il la regarde, durci.*] Que croyez-vous que je fasse, chez Frantz? Je lui mens.

Le Père. Vous? 100

Johanna. Je n'ouvre pas la bouche sans lui mentir.

Le Père (*stupéfait et presque désarmé*). Mais... vous détestiez le mensonge.

Johanna. Je le déteste toujours.

Le Père. Eh bien?

Johanna. Eh bien, voilà: je mens. A Werner par mes silences; à Frantz par mes discours.

Le Père (*très sec*). Ce n'est pas ce dont nous avions convenu.

Johanna. Eh non!

Le Père. Vous aviez raison: je... je ne comprends pas. Vous 110 allez contre vos propres intérêts!

Johanna. Contre ceux de Werner.

Le Père. Ce sont les vôtres.

Johanna. Je n'en sais plus rien.

[*Un silence. Le Père, un instant désemparé, se reprend.*]

Le Père. Êtes-vous passée dans l'autre camp?

Johanna. Il n'y a pas de camp.

Le Père. Bon. Alors, écoutez-moi: Frantz est fort à plaindre et je conçois que vous ayez voulu le ménager. Mais vous ne pouvez plus continuer dans cette voie! Si vous cédez à 120 la pitié qu'il vous inspire...

Johanna. Nous n'avons pas de pitié.

Le Père. Qui, vous?

Johanna. Leni et moi.

Le Père. Leni, c'est une autre affaire. Mais vous, ma bru, quelque nom que vous donniez à vos sentiments, ne mentez plus à mon fils: vous le dégradez. [*Elle sourit. Avec plus de force.*] Il n'a qu'une envie: se fuir. Quand vous l'aurez lesté par vos mensonges, il en profitera pour couler à pic. 130

Johanna. Je n'ai pas le temps de lui faire grand mal: je vous dis que je m'en vais.

Le Père. Quand et où?

Johanna. Demain, n'importe où.

Le Père. Avec Werner?

Johanna. Je ne sais pas.

Le Père. C'est une fuite?

Johanna. Oui.

Le Père. Mais pourquoi?

Johanna. Deux langages, deux vies, deux vérités, vous ne 140
trouvez pas que c'est trop pour une seule personne?
[*Elle rit.*] Les orphelins de Düsseldorf, tenez, je n'arrive
pas à me débarrasser d'eux.

Le Père. Qu'est-ce que c'est? Un mensonge?

Johanna. Une vérité d'en-haut. Ce sont des enfants aban-
donnés: ils meurent de faim dans un camp. Il faut qu'ils
existent d'une manière ou d'une autre puisqu'ils me
poursuivent jusqu'au rez-de-chaussée. Hier soir, il s'en
est fallu de peu que je ne demande à Werner si nous
pourrions les sauver. [*Elle rit.*] Cela ne serait rien. Mais 150
là-haut...

Le Père. Eh bien?

Johanna. Je suis ma pire ennemie. Ma voix ment, mon corps
la dément. Je parle de la famine et je dis que nous en
crèverons. A présent, regardez-moi: ai-je l'air dénourrie?
Si Frantz me voyait...

Le Père. Il ne vous voit donc pas?

Johanna. Il n'en est pas encore à me regarder. [*Comme à
elle-même.*] Un traître. Inspiré. Convaincant. Il parle, on
l'écoute. Et puis, tout à coup, il s'aperçoit dans la glace; 160
un écriteau lui barre la poitrine, avec ce seul mot, qu'on
lira s'il se tait: trahison. Voilà le cauchemar qui m'attend
chaque jour dans la chambre de votre fils.

Le Père. C'est le cauchemar de tout le monde. Tous les jours
et toutes les nuits.   [*Un silence.*

Johanna. Puis-je vous poser une question? [*Sur un signe du
Père.*] Qu'ai-je à faire dans cette histoire? Pourquoi m'y
avez-vous embarquée?

130

Le Père (*très sec*). Vous perdez l'esprit, ma bru: c'est vous   170
qui avez décidé de vous en mêler.

Johanna. Comment saviez-vous que je m'y déciderais?

Le Père. Je ne le savais pas.

Johanna. Ne mentez pas, vous qui me reprochez mes mensonges. En tout cas, ne mentez pas trop vite; six jours,
c'est long, vous m'avez laissé le temps de réfléchir. [*Un
temps.*] Le conseil de famille s'est tenu pour moi seule.

Le Père. Non, mon enfant: pour Werner.

Johanna. Werner? Bah! Vous l'attaquiez pour que je le
défende. C'est moi qui ai eu l'idée de parler à Frantz,
j'en conviens. Ou plutôt, c'est moi qui l'ai trouvée: vous   180
l'aviez cachée dans la pièce et vous me guidiez avec tant
d'adresse qu'elle a fini par me sauter aux yeux. Est-ce
vrai?

Le Père. Je souhaitais en effet que vous rencontriez mon fils;
pour des raisons que vous connaissez fort bien.

Johanna (*avec force*). Pour des raisons que je ne connais pas.
[*Un temps.*] Quand vous nous avez mis en présence, moi
qui sais, lui qui ne veut pas savoir, m'avez-vous prévenue
qu'il suffisait d'un mot pour le tuer?

Le Père (*dignement*). Johanna, j'ignore tout de mon fils.   190

Johanna. Tout, sauf qu'il cherche à se fuir et que nous l'y
aidons par nos mensonges. Allons! Vous jouez à coup sûr:
je vois qu'un mot suffit pour le tuer et vous ne bronchez
même pas.

Le Père (*souriant*). Quel mot, mon enfant?

Johanna (*lui riant au nez*). Opulence.

Le Père. Plaît-il?

Johanna. Celui-là ou n'importe quel autre, pourvu qu'il
fasse entendre que nous sommes la nation la plus riche
de l'Europe. [*Un temps.*] Vous ne semblez pas très étonné.   200

Le Père. Je ne le suis pas. Il y a douze ans, j'ai compris les
craintes de mon fils à certains propos qui lui ont échappé.
Il a cru qu'on voulait anéantir l'Allemagne et s'est
retiré pour ne pas assister à notre extermination. En ce

temps-là, si l'on avait pu lui dévoiler l'avenir, il guérissait à l'instant. Aujourd'hui, le sauvetage sera plus difficile : il a pris des habitudes, Leni le gâte, la vie monacale présente certaines commodités. Mais ne craignez rien : le seul remède à son mal, c'est la vérité. Il rechignera d'abord parce que vous lui ôterez ses raisons de bouder et puis, 210 dans une semaine, il sera le premier à vous remercier.

Johanna (violente). Quelles fadaises ! [*Brutalement*.] Je l'ai vu hier, cela ne vous suffit pas ?

Le Père. Non.

Johanna. Là-haut, l'Allemagne est plus morte que la lune. Si je la ressuscite, il se tire une balle dans la bouche.

Le Père (riant). Pensez-vous !

Johanna. Je vous dis que c'est l'évidence.

Le Père. Il n'aime plus son pays ?

Johanna. Il l'adore.   220

Le Père. Eh bien, alors ! Johanna, cela n'a pas le sens commun.

Johanna. Oh ! pour cela, non ! [*Riant avec un peu d'égarement*.] Le sens commun ! Voilà ce qu'il y a [*désignant le Père*] dans cette tête. Dans la mienne, il y a ses yeux. [*Un temps*.] Arrêtez tout. Votre machine infernale va vous éclater entre les mains.

Le Père. Je ne peux rien arrêter.

Johanna. Alors, je partirai sans le revoir et pour toujours. Quant à la vérité, je la dirai, soyez tranquille. Mais pas à Frantz. A Werner.   230

Le Père (vivement). Non ! [*Il se reprend*.] Vous ne lui feriez que du mal.

Johanna. Est-ce que je lui fais du bien, depuis dimanche ? [*On entend le klaxon lointain d'une auto*.] Le voilà : il saura tout dans un quart d'heure.

Le Père (impérieusement). Attendez ! [*Elle s'arrête, interdite. Il va à la porte, ôte le mouchoir et tourne la clé, puis se retourne vers Johanna*.] Je vous fais une proposition. [*Elle reste silencieuse et crispée. Un temps*.] Ne racontez rien à votre mari. Allez voir Frantz une dernière fois et 240 dites-lui que je sollicite une entrevue. S'il accepte, je délie Werner de son serment et vous partirez *tous les deux* quand il vous plaira. [*Un silence.*] Johanna! je vous offre la liberté.

Johanna. Je sais.   [*L'auto est entrée dans le parc.*

Le Père. Eh bien?

Johanna. Je n'en veux pas à ce prix.

Le Père. Quel prix?

Johanna. La mort de Frantz.

Le Père. Mon enfant! Que vous est-il arrivé? Je crois entendre   250
Leni.

Johanna. Vous l'entendez. Nous sommes sœurs jumelles. Ne vous en étonnez pas: c'est vous qui nous avez faites pareilles. Et quand toutes les femmes de la terre défileraient dans la chambre de votre fils, ce seraient autant de Leni qui se tourneraient contre vous.

                    [*Freins. L'auto s'arrête devant le perron.*

Le Père. Je vous en prie, ne décidez rien encore! Je vous promets...

Johanna. Inutile. Pour les tueurs à gage, adressez-vous à   260
l'autre sexe.

Le Père. Vous direz tout à Werner?

Johanna.   Oui.

Le Père. Fort bien. Et si je disais tout à Leni?

Johanna (*stupéfaite et effrayée*). A Leni, vous?

Le Père. Pourquoi pas? La maison sauterait.

Johanna (*au bord de la crise de nerfs*). Faites sauter la maison! Faites sauter la planète! Nous serons enfin tranquilles.
[*Un rire d'abord sombre et bas qui s'enfle malgré elle.*]
Tranquilles! Tranquilles! Tranquilles!   270

[*Un bruit de pas dans le corridor. Le Père va rapidement à Johanna, la prend brutalement par les épaules et la secoue en la regardant fixement.*
Johanna parvient à se calmer. Le Père s'éloigne d'elle à l'instant où la porte s'ouvre.

III. 3

LES MÊMES, WERNER

Werner (*entrant à pas pressés et voyant le Père*). Tiens!

Le Père. Bonjour, Werner.

Werner. Bonjour, père. Êtes-vous content de votre voyage?

Le Père. Hé! [*Il se frotte les mains sans s'en apercevoir.*] Content, oui. Content. Très content, peut-être.

Werner. Vous souhaitiez me parler?

Le Père. A toi? Mais pas du tout. Je vous laisse, mes chers enfants. [*A la porte.*] Johanna, ma proposition tient toujours.

[*Il sort.* 10

III. 4

JOHANNA, WERNER

Werner. Quelle proposition?

Johanna. Je te le dirai.

Werner. Je n'aime pas qu'il vienne fouiner ici. [*Il va prendre une bouteille de champagne et deux coupes dans une armoire, pose les deux coupes sur le bureau et commence à déboucher la bouteille.*] Champagne?

Johanna. Non.

Werner. Très bien. Je boirai seul.

[*Johanna écarte les coupes.*

Johanna. Pas ce soir, j'ai besoin de toi. 10

Werner. Tu m'étonnes. [*Il la regarde. Brusquement.*] En tout cas, cela n'empêche pas de boire. [*Il fait sauter le bouchon, Johanna pousse un léger cri. Werner se met à rire, remplit les deux coupes et la regarde.*] Ma parole, tu as peur!

Johanna. Je suis nerveuse.

Werner (*avec une sorte des satisfaction*). Je dis que tu as peur.
[*Un temps.*] De qui? Du père?

Johanna. De lui aussi.

Werner. Et tu veux que je te protège? [*Ricanant, mais un peu*   20
plus détendu.*] Les rôles sont renversés. [*Il boit sa coupe
d'un trait.*] Raconte-moi tes ennuis. [*Un silence.*] C'est
donc si difficile? Viens! [*Elle ne bouge pas. Il l'attire à
lui, crispée.*] Mets ta tête sur mon épaule. [*Il incline presque
de force la tête de Johanna. Un temps. Il se regarde dans la
glace et sourit.*] Retour à l'ordre. [*Un très léger silence.*]
Parle, ma chérie!

Johanna (*relevant la tête pour le regarder*). J'ai vu Frantz.

Werner. (*Il la repousse avec colère.*) Frantz! [*Il lui tourne le dos,
va au bureau, se verse une autre coupe de champagne, boit*   30
une gorgée, posément, et se retourne vers elle, calmé, souriant.*]
Tant mieux! Tu connaîtras toute la famille. [*Elle le
regarde, déconcertée.*] Comment le trouves-tu, mon frère
aîné, une armoire, hein? [*Toujours ahurie, elle fait non de
la tête.*] Tiens! [*Amusé.*] Tiens! Tiens! Serait-il malingre?
[*Elle a de la peine à parler.*] Eh bien?

Johanna. Tu es plus grand que lui.

Werner (*même jeu*). Ha! Ha! [*Un temps.*] Et son bel habit
d'officier? Il le porte toujours?

Johanna. Ce n'est plus un bel habit.   40

Werner. Des loques? Mais, dites-moi donc, ce pauvre Frantz
est très abîmé. [*Silence crispé de Johanna. Il prend sa
coupe.*] A sa guérison. [*Il lève la coupe puis, s'apercevant
que Johanna a les mains vides, il va chercher l'autre coupe et
la lui tend.*] Trinquons! [*Elle hésite. Impérieux.*] Prends
cette coupe.

                [*Elle se durcit et prend la coupe.*

Johanna (*avec défi*). Je bois à Frantz!

[*Elle veut choquer sa coupe contre celle de Werner. Celui-ci
retire vivement la sienne.*   50
    Ils se regardent un instant, interloqués l'un et l'autre. Puis

135

Werner éclate de rire et jette le contenu de sa coupe sur le plancher.]

Werner (*avec une violence gaie*). C'est pas vrai! C'est pas vrai! [*Stupeur de Johanna. Il va sur elle.*] Tu ne l'as jamais vu. Pas un instant, je n'ai marché. [*Lui riant au nez.*] Et le verrou, mon petit? Et la barre de fer? Ils ont un signal, sois-en sûre.

Johanna. (*Elle a repris son air glacé.*) Ils en ont un. Je le connais.

Werner (*riant toujours*). Comment donc? Tu l'auras demandé à Leni!   60

Johanna. Je l'ai demandé au père.

Werner (*frappé*). Ah! [*Un long silence. Il va au bureau, pose sa coupe et réfléchit. Il se retourne sur Johanna; il a gardé son air jovial mais on sent qu'il fait un grand effort pour se maîtriser.*] Eh bien! Cela devait arriver. [*Un temps.*] Le père ne fait rien pour rien: quel est son intérêt dans cette histoire?

Johanna. Je voudrais le savoir.

Werner. Qu'est-ce qu'il t'a proposé, tout à l'heure?   70

Johanna. Il te déliera de ton serment si Frantz lui accorde un rendez-vous.

Werner. (*Il est devenu sombre et méfiant, sa méfiance s'accroîtra au cours des répliques suivantes.*) Un rendez-vous... Et Frantz l'accordera?

Johanna (*avec assurance*). Oui.

Werner. Et puis?

Johanna. Rien. Nous serons libres.

Werner. Libres de quoi faire?

Johanna. De nous en aller.   80

Werner (*rire sec et dur*). A Hambourg?

Johanna. Où nous voudrons.

Werner (*même jeu*). Parfait! [*Rire dur.*] Eh bien, ma femme, c'est le plus beau coup de pied au cul que j'aie reçu de toute ma vie.

Johanna (*stupéfaite*). Werner, le père ne songe pas un seul instant...

Werner. A son fils cadet? Bien sûr que non. Frantz prendra
mon bureau, il s'assiéra dans mon fauteuil et boira mon
champagne, il jettera ses coquilles sous mon lit. A part 90
cela, qui songerait à moi? Est-ce que je compte? [*Un
temps.*] Le vieux a changé d'avis: voilà tout.

Johanna. Mais tu ne comprends donc rien?

Werner. Je comprends qu'il veut mettre mon frère à la tête de
l'entreprise. Et je comprends aussi que tu leur as délibéré-
ment servi d'intermédiaire: pourvu que tu m'arraches
d'ici, peu t'importe qu'on m'en arrache à coups de pied.
[*Johanna le regarde avec froideur. Elle le laisse poursuivre
sans même essayer de s'expliquer.*] On brise ma carrière
d'avocat pour me mettre en résidence surveillée dans 100
cette affreuse bâtisse, au milieu de mes chers souvenirs
d'enfance; un beau jour, le fils prodigue consent à quitter
sa chambre, on tue le veau gras, on me fout dehors et
tout le monde est content, à commencer par ma femme!
Une excellente histoire, non? Tu la raconteras: à Hambourg. [*Il va au bureau, se verse une coupe de champagne et
boit. Son ivresse — légère mais manifeste — ne cessera de
croître jusqu'à la fin de l'acte.*] Pour les valises, tu feras
tout de même bien d'attendre un peu. Parce que, vois-tu, je
me demande si je me laisserai faire. [*Avec force.*] J'ai 110
l'Entreprise, je la garde: on verra ce que je vaux. [*Il va
s'asseoir à son bureau. D'une voix calme et rancuneuse,
avec un soupçon d'importance.*] A présent, laisse-moi:
il faut que je réfléchisse. [*Un temps.*

Johanna (*sans se presser, d'une voix froide et tranquille*). Il
ne s'agit pas de l'entreprise: personne ne te la dispute.

Werner. Personne, sauf mon père et son fils.

Johanna. Frantz ne dirigera pas les chantiers.

Werner. Parce que?

Johanna. Il ne le veut pas. 120

Werner. Il ne le *veut pas* ou il ne le *peut pas*?

Johanna (*à contrecœur*). Les deux. [*Un temps.*] Et le père le sait.

Werner. Alors?

Johanna. Alors, il veut revoir Frantz avant de mourir.

Werner (*un peu soulagé, mais défiant*). C'est louche.

Johanna. Très louche. Mais cela ne te concerne pas.

[*Werner se lève et va jusqu'à elle. Il la regarde dans les yeux, elle soutient son regard.*]

Werner. Je te crois. [*Il boit. Johanna détourne la tête, agacée.*] Un incapable! [*Il rit.*] Et par-dessus le marché, un gringalet. Dimanche, le père parlait de mauvaise graisse. 130

Johanna (*vivement*). Frantz n'a que la peau sur les os.

Werner. Oui. Avec un petit ventre, comme tous les prisonniers. [*Il se regarde dans la glace et bombe le torse, presque inconsciemment.*] Incapable. Loqueteux. A demi cinglé. [*Il se tourne vers Johanna.*] Tu l'as vu... souvent?

Johanna. Tous les jours.

Werner. Je me demande ce que vous trouvez à vous dire. [*Il marche avec une assurance nouvelle.*] "Pas de famille sans déchet." Je ne sais plus qui a dit cela. Terrible, mais 140 vrai, hein? Seulement, jusqu'ici, le déchet, je croyais que c'était moi. [*Mettant les mains sur les épaules de Johanna.*] Merci, ma femme: tu m'as délivré. [*Il va pour prendre sa coupe, elle le retient.*] Tu as raison: plus de champagne! [*Il balaie les deux coupes de la main. Elles tombent et se brisent.*] Qu'on lui porte les bouteilles de ma part. [*Il rit.*] Quant à toi, tu ne le reverras plus: je te l'interdis.

Johanna (*toujours glacée*). Très bien. Emmène-moi d'ici.

Werner. Je te dis que tu m'as délivré. Je me faisais des idées, vois-tu. Désormais, tout ira bien. 150

Johanna. Pas pour moi.

Werner. Non? [*Il la regarde, son visage change, ses épaules se voûtent légèrement.*] Même si je te jure que je changerai de peau et que je les mettrai tous au pas?

Johanna. Même.

Werner (*brusquement*). Vous avez fait l'amour! [*Rire sec.*] Dis-le, je ne t'en voudrai pas: il n'avait qu'à siffler, paraît-il, les femmes tombaient sur le dos. [*Il la regarde d'un air mauvais.*] Je t'ai posé une question.

Johanna (*très dure*). Je ne te pardonnerai pas si tu me forces à 160
  répondre.

Werner. Réponds et ne pardonne pas.

Johanna. Non.

Werner. Vous ne faites pas l'amour. Bon! Mais tu meurs
  d'envie de le faire.

Johanna (*sans éclat mais avec une sorte de haine*). Tu es ignoble.

Werner (*souriant et mauvais*). Je suis un Gerlach. Réponds.

Johanna. Non.

Werner. Alors, qu'as-tu à craindre?

Johanna (*toujours glacée*). Avant toi, la mort et la folie m'ont 170
  attirée. Là-haut, cela recommence. Je ne le veux pas.
  [*Un temps.*] Ses crabes, j'y crois plus que lui.

Werner. Parce que tu l'aimes.

Johanna. Parce qu'ils sont vrais. Les fous disent la vérité,
  Werner.

Werner. Vraiment. Laquelle?

Johanna. Il n'y en a qu'une: l'horreur de vivre [*Retrouvant sa
  chaleur.*] Je ne veux pas! Je ne veux pas! Je préfère me
  mentir. Si tu m'aimes, sauve-moi. [*Désignant d'un geste le
  plafond.*] Ce couvercle m'écrase. Emmène-moi dans une 180
  ville où tout soit à tout le monde, où tout le monde se
  mente. Avec du vent. Du vent qui vienne de loin. Nous
  nous retrouverons, Werner, je te le jure!

Werner (*avec une violence soudaine et sauvage*). Nous retrouver? Ha! Et comment t'aurais-je perdue, Johanna?
  Je ne t'ai jamais eue. Laisse donc! Je n'avais que faire de
  ta sollicitude. Tu m'as trompé sur la marchandise! Je
  voulais une femme, je n'ai possédé que son cadavre. Tant
  pis si tu deviens folle: nous resterons ici! [*Il l'imite.*]
  "Défends-moi! Sauve-moi!" Comment? En foutant le 190
  camp? [*Il se domine. Sourire mauvais et froid.*] Je me suis
  emporté tout à l'heure. Excuse-moi. Tu feras tout pour
  rester une épouse honnête: c'est le rôle de ta vie. Mais
  tout le plaisir sera pour toi. [*Un temps.*] Jusqu'où faudra-t-il
  aller pour que tu oublies mon frère? Jusqu'où fuirons-

nous? Des trains, des avions, des bateaux: que d'histoires et quelle fatigue! Tu regarderas tout de ces yeux vides: une sinistrée de luxe, cela ne te changera guère. Et moi? T'es-tu demandé ce que je penserai pendant ce temps-là? Que je me suis déclaré battu d'avance et que je me suis 200 enfui sans lever un doigt. Un lâche, bien, un lâche: c'est comme cela que tu m'aimes, tu pourras me consoler. Maternellement. [*Avec force.*] Nous resterons ici! Jusqu'à ce qu'un de nous trois crève: toi, mon frère ou moi.

Johanna. Comme tu me détestes!

Werner. Je t'aimerai quand je t'aurai conquise. Et je vais me battre, sois tranquille. [*Il rit.*] Je gagnerai: vous n'aimez que la force, vous autres femmes. Et la force, c'est moi qui l'ai.

[*Il la prend par la taille et l'embrasse brutalement. Elle le frappe* 210 *de ses poings fermés, se dégage et se met à rire.*]

Johanna (riant aux éclats). Oh! Werner, est-ce que tu crois qu'il mord?

Werner. Qui? Frantz?

Johanna. Le soudard à qui tu veux ressembler. [*Un temps.*] Si nous restons, j'irai chez ton frère tous les jours.

Werner. J'y compte bien. Et tu passeras toutes les nuits dans mon lit. [*Il rit.*] Les comparaisons se feront d'elles-mêmes.

Johanna (lentement et tristement). Pauvre Werner!

[*Elle va vers la porte.* 220

Werner (brusquement désemparé). Où vas-tu?

Johanna (avec un rire mauvais). Je vais comparer.

[*Elle ouvre la porte et sort sans qu'il fasse un geste pour la retenir.*]

Fin de l'acte III

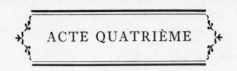

ACTE QUATRIÈME

La chambre de Frantz. Même décor qu'au II. Mais toutes les pancartes ont disparu. Plus de coquilles d'huîtres sur le plancher. Sur la table une lampe de bureau. Seul, le portrait de Hitler demeure.

IV. 1

Frantz (seul). Habitants masqués des plafonds, attention! Habitants masqués des plafonds, attention! [*Un silence. Tourné vers le plafond.*] Hé? [*Entre ses dents.*] Je ne les sens pas. [*Avec force.*] Camarades! Camarades! L'Allemagne vous parle, l'Allemagne martyre! [*Un temps. Découragé.*] Ce public est gelé. [*Il se lève et marche.*] Impression curieuse mais invérifiable: ce soir l'Histoire va s'arrêter. Pile! L'explosion de la planète est au programme, les savants ont le doigt sur le bouton, adieu! [*Un temps.*] On aimerait pourtant savoir ce qui serait advenu de l'espèce humaine au cas où elle aurait survécu. [*Agacé, presque violent.*] Je fais la putain pour leur plaire et ils n'écoutent même pas. [*Avec chaleur.*] Chers auditeurs, je vous en supplie, si je n'ai plus votre oreille, si les faux témoins vous ont circonvenus... [*Brusquement.*] Attendez! [*Il fouille dans sa poche.*] Je tiens le coupable. [*Il sort un bracelet-montre en le tenant par l'extrémité du bracelet de cuir, avec dégoût.*] On m'a fait cadeau de cette bête et j'ai commis la faute de l'accepter. [*Il la regarde.*] Quinze minutes! On a quinze minutes de retard! Inadmissible. Je la fracasserai moi, cette montre. [*Il la met à son poignet.*] Quinze minutes!

141

Seize à présent. [*Avec éclat.*] Comment garderai-je ma patience séculaire si l'on m'agace par des piqûres d'épingle? Tout finira très mal. [*Un temps.*] Je n'ouvrirai pas: c'est simple; je la laisserai deux heures entières sur le palier.

[*On frappe trois coups. Il se hâte d'aller ouvrir.*

IV. 2

FRANTZ, JOHANNA

Frantz (*reculant pour laisser entrer Johanna*). Dix-sept!
[*Il montre du doigt le bracelet-montre.*

Johanna. Plaît-il?

Frantz (*voix de l'horloge parlante*). Quatre heures dix-sept minutes trente secondes. M'avez-vous apporté la photo de mon frère? [*Un temps.*] Eh bien?

Johanna (*de mauvaise grace*). Oui.

Frantz. Montrez-la-moi.

Johanna (*même jeu*). Qu'allez-vous en faire?

Frantz (*rire insolent*). Qu'est-ce qu'on fait d'une photo?   10

Johanna (*après une hésitation*). La voilà.

Frantz (*la regardant*). Eh bien, je ne l'aurais pas reconnu. Mais c'est un athlète! Félicitations! [*Il met la photo dans sa poche.*] Et comment vont nos orphelins?

Johanna (*déconcertée*). Quels orphelins?

Frantz. Voyons! Ceux de Düsseldorf.

Johanna. Eh bien… [*Brusquement.*] Ils sont morts.

Frantz (*au plafond*). Crabes, ils étaient sept cents. Sept cents pauvres gosses sans feu ni lieu… [*Il s'arrête.*] Ma chère amie, je me fous de ces orphelins. Qu'on les enterre au   20 plus vite! Bon débarras. [*Un temps.*] Et voilà! Voilà ce que je suis devenu par votre faute: un mauvais Allemand.

Johanna. Par ma faute?

Frantz. J'aurais dû savoir qu'elle déréglerait tout. Pour

chasser le temps de cette chambre, il m'a fallu cinq
années; pour l'y ramener, vous n'avez eu besoin que d'un
instant. [*Il montre le bracelet.*] Cette bête câline qui
ronronne autour de mon poignet et que je fourre dans ma
poche quand j'entends frapper Leni, c'est le Temps
Universel, le Temps de l'horloge parlante, des indicateurs 30
et des observatoires. Mais qu'est-ce que vous voulez que
j'en fasse? Est-ce que je suis universel, moi? [*Regardant la
montre.*] Je trouve ce cadeau suspect.

Johanna. Eh bien, rendez-le-moi!

Frantz. Pas du tout! Je le garde. Je me demande seulement
pourquoi vous me l'avez fait.

Johanna. Puisque je vis encore, autant que vous viviez.

Frantz. Qu'est-ce que c'est vivre? Vous attendre? Je n'atten-
dais plus rien avant mille ans. Cette lampe ne s'éteint pas;
Leni vient quand elle veut; je dormais au petit bonheur, 40
quand le sommeil voulait bien me prendre: en un mot, je
ne savais jamais l'heure. [*Avec humeur.*] A présent, c'est
la bousculade des jours et des nuits. [*Coup d'œil à la
montre.*] Quatre heures vingt-cinq; l'ombre s'allonge, la
journée se fane: je déteste les après-midi. Quand vous
partirez, il fera nuit: ici, en pleine clarté! Et j'aurai peur.
[*Brusquement.*] Ces pauvres petits quand va-t-on les
mettre en terre?

Johanna. Lundi, je crois.

Frantz. Il faudrait une chapelle ardente à ciel ouvert, dans les 50
ruines de l'église. Sept cents petits cercueils veillés par
une foule en haillons! [*Il la regarde.*] Vous ne vous êtes
pas fardée?

Johanna. Comme vous voyez.

Frantz. Un oubli.

Johanna. Non. Je ne comptais pas venir.

Frantz (*violent*). Quoi?

Johanna. C'est le jour de Werner. [*Un temps.*] Eh bien, oui:
le samedi.

Frantz. Qu'a-t-il besoin d'un jour, il a toutes les nuits. Le 60 samedi?... Ah, oui: la semaine anglaise. [*Un temps.*] Et le dimanche aussi, naturellement!

Johanna. Naturellement!

Frantz. Si je vous comprends, nous serions un samedi. Ah, Madame, la montre ne le dit pas: il faut m'offrir un agenda. [*Il ricane un peu puis, brusquement.*] Deux jours sans vous? Impossible.

Johanna. Pensez-vous que je priverais mon mari des seuls moments que nous puissions vivre ensemble?

Frantz. Pourquoi pas? [*Elle rit sans lui répondre.*] Il a des droits sur vous? Je regrette, mais j'en ai, moi aussi. 70

Johanna (*avec une sorte de violence*). Vous? Aucun. Pas le moindre!

Frantz. Est-ce moi qui suis allé vous chercher? [*Criant.*] Quand comprendrez-vous que ces attentes mesquines me détournent de mon office. Les crabes sont perplexes, ils se méfient: les faux témoins triomphent. [*Comme une insulte.*] Dalila!

Johanna (*éclatant d'un rire mauvais*). Pfou! [*Elle va vers lui et le regarde avec insolence.*] Et voilà Samson? [*Riant de plus belle.*] Samson! Samson! [*Cessant de rire.*] Je le voyais autrement. 80

Frantz (*formidable*). C'est moi. Je porte les siècles; si je me redresse, ils s'écrouleront. [*Un temps. Voix naturelle, ironie amère.*] D'ailleurs c'était un pauvre homme, j'en suis convaincu. [*Il marche à travers la chambre.*] Quelle dépendance! [*Un silence. Il s'assied.*] Madame, vous me gênez. [*Un temps.*]

Johanna. Je ne vous gênerai plus.

Frantz. Qu'avez-vous fait? 90

Johanna. J'ai tout dit à Werner.

Frantz. Tiens! Pourquoi donc?

Johanna (*amère*). Je me le demande.

Frantz. Il a bien pris la chose?

Johanna. Il l'a prise fort mal.

Frantz (*inquiet, nerveux*). Il nous quitte? Il vous emmène?

Johanna. Il reste ici.

Frantz (rasséréné). Tout va bien. [*Il se frotte les mains.*] Tout va très bien.

Johanna (ironie amère). Et vous ne me quittez pas des yeux! 100 Mais qu'est-ce que vous voyez? [*Elle s'approche, lui prend la tête dans les mains et l'oblige à la regarder.*] Regardez-moi. Oui. Comme cela. A présent, osez dire que tout va très bien.

Frantz. (Il la regarde et se dégage.) Je vois, oui, je vois! Vous regrettez Hambourg. La vie facile. L'admiration des hommes et leurs désirs. [*Haussant les épaules.*] Cela vous regarde.

Johanna (triste et dure). Samson n'était qu'un pauvre homme.

Frantz. Oui. Oui. Oui. Un pauvre homme. 110

　　　　　　　　　　[*Il se met à marcher de côté.*

Johanna. Qu'est-ce que vous faites?

Frantz (d'une voix rocailleuse et profonde). Je fais le crabe. [*Stupéfait de ce qu'il vient de dire.*] Hein, quoi? [*Revenant vers Johanna, voix naturelle.*] Pourquoi suis-je un pauvre homme?

Johanna. Parce que vous ne comprenez rien. [*Un temps.*] Nous allons souffrir l'Enfer.

Frantz. Qui?

Johanna. Werner, vous et moi. [*Un bref silence.*] Il reste ici 120 par jalousie.

Frantz (stupéfait). Quoi?

Johanna. Par jalousie. Est-ce clair? [*Un temps. Haussement d'épaules.*] Vous ne savez même pas ce que c'est. [*Rire de Frantz.*] Il m'enverra chez vous tous les jours, même le dimanche. Il se martyrisera, aux chantiers, dans son grand bureau de ministre. Et le soir, je paierai.

Frantz (sincèrement surpris). Je vous demande pardon, chère amie. Mais de *qui* est-il jaloux? [*Elle hausse les épaules. Il sort la photo et la regarde.*] De moi? [*Un temps.*] Lui 130 avez-vous dit... ce que j'étais devenu?

Johanna. Je le lui ai dit.

Frantz. Eh bien, alors?

Johanna. Eh bien, il est jaloux.

Frantz. C'est de la perversité! Je suis un malade, un fou peut-être; je me cache. La guerre m'a cassé, Madame.

Johanna. Elle n'a pas cassé votre orgueil.

Frantz. Et cela suffit pour qu'il me jalouse?

Johanna. Oui.

Frantz. Dites-lui que mon orgueil est en miettes. Dites que 140 je fanfaronne pour me défendre. Tenez; je vais m'abaisser à l'extrême: dites à Werner que je suis jaloux.

Johanna. De lui?

Frantz. Da sa liberté, de ses muscles, de son sourire, de sa femme, de sa bonne conscience. [*Un temps.*] Hein? Quel baume pour son amour-propre!

Johanna. Il ne me croira pas.

Frantz. Tant pis pour lui. [*Un temps.*] Et vous?

Johanna. Moi?

Frantz. Est-ce que vous me croyez? 150

Johanna (*incertaine, agacée*). Mais non.

Frantz. Madame, des indiscrétions ont été commises: je suis au courant, minute par minute, de votre vie privée.

Johanna (*haussant les épaules*). Leni vous ment.

Frantz. Leni ne parle jamais de vous. [*Désignant sa montre.*] C'est la babillarde: elle raconte tout. Dès que vous m'avez quitté, elle cause: huit heures et demie, dîner de famille; dix heures, chacun se retire, tête à tête avec votre mari. Onze heures, toilette nocturne, Werner se couche, vous prenez un bain. Minuit, vous entrez dans son lit. 160

Johanna (*rire insolent*). Dans son lit. [*Un temps.*] Non.

Frantz. Des lits jumeaux?

Johanna. Oui.

Frantz. Sur lequel faites-vous l'amour?

Johanna (*exaspérée, avec insolence*). Tantôt sur l'un, tantôt sur l'autre.

Frantz (*grognant*). Hon! [*Il regarde la photo.*] Quatre-vingts kilos! Il doit vous écraser, l'athlète! Vous aimez cela?

Johanna. Si je l'ai choisi, c'est que je préfère les athlètes aux
    gringalets.   170

Frantz. (*Il regarde la photo en grognant puis la remet dans sa
    poche.*) Soixante heures que je n'ai pas fermé l'œil.

Johanna. Pourquoi ?

Frantz. Vous ne coucherez pas avec lui pendant mon sommeil !

Johanna (*rire sec*). Eh bien, ne dormez plus jamais !

Frantz. C'est mon intention. Cette nuit, quand il vous
    prendra, vous saurez que je veille.

Johanna (*violente*). Je regrette mais je vous priverai de ces
    sales plaisirs solitaires. Dormez cette nuit : Werner ne me
    touchera pas.   180

Frantz (*déconcerté*). Ah !

Johanna. Cela vous déçoit ?

Frantz. Non.

Johanna. Il ne me touchera plus tant que nous resterons ici
    par sa faute. [*Un temps.*] Savez-vous ce qu'il s'imagine ?
    Que vous m'avez séduite ! [*Insultante.*] Vous ! [*Un temps.*]
    Vous vous ressemblez !

Frantz (*montrant la photo*). Mais non.

Johanna. Mais si. Deux Gerlach, deux abstraits, deux frères
    visionnaires ! Qu'est-ce que je suis, moi ? Rien : un in-   190
    strument de supplice. Chacun cherche sur moi les caresses
    de l'autre. [*Elle s'approche de Frantz.*] Regardez ce corps.
    [*Elle lui prend la main et l'oblige à la poser sur son épaule.*]
    Autrefois, quand je vivais chez les hommes, ils n'avaient
    pas besoin de messes noires pour le désirer. [*Elle s'éloigne
    et le repousse. Un temps. Brusquement.*] Le père veut vous
    parler.

Frantz (*ton neutre*). Ah !

Johanna. Si vous le recevez, il déliera Werner de son serment.

Frantz (*calme et neutre*). Et puis ? Vous vous en irez ?   200

Johanna. Cela ne dépendra plus que de Werner.

Frantz (*même jeu*). Vous souhaitez cette entrevue ?

Johanna. Oui.

Frantz (*même jeu*) Il faut que je renonce à vous voir ?

Johanna. Naturellement.

Frantz (même jeu). Que deviendrai-je?

Johanna. Vous rentrerez dans votre Éternité.

Frantz. Bien. [*Un temps.*] Allez dire à mon père...

Johanna (brusquement). Non!

Frantz. Hé? 210

Johanna (avec une violence chaleureuse). Non! Je ne lui dirai rien.

Frantz (impassible, sentant qu'il a gagné). Il faut que je lui donne ma réponse.

Johanna (même jeu). Inutile: je ne la transmettrai pas.

Frantz. Pourquoi m'avoir transmis sa demande?

Johanna. C'est malgré vous?

Frantz. Malgré vous?

Johanna (petit rire, regard encore chargé de haine). Figurez-vous que j'avais envie de vous tuer. 220

Frantz (très aimable). Oh! Depuis longtemps?

Johanna. Depuis cinq minutes.

Frantz. Et c'est déjà fini?

Johanna (souriante et calme). Il me reste le désir de vous labourer les joues. [*Elle lui griffe le visage à deux mains. Il se laisse faire.*] Comme ceci.

[*Elle laisse retomber ses mains et s'éloigne.*

Frantz (toujours aimable). Cinq minutes! Vous avez de la chance: moi, l'envie de vous tuer me dure toute la nuit.

[*Un silence. Elle s'assied sur le lit et regarde dans le vide.* 230

Johanna (à elle-même). Je ne partirai plus.

Frantz (qui la guette). Plus jamais?

Johanna (sans le regarder). Plus jamais.

[*Elle a un petit rire égaré, elle ouvre les deux mains comme si elle laissait échapper un objet et regarde à ses pieds. Frantz l'observe et change de maintien: il redevient maniaque et gourmé comme au IIe Acte.*]

Frantz. Restez avec moi, alors. Tout à fait.

Johanna. Dans cette chambre?

Frantz. Oui. 240

148

Johanna. Sans jamais en sortir ? [*Signe de Frantz.*] La séquestration ?

Frantz. Cela même. [*Il parle en marchant. Johanna le suit des
yeux. A mesure qu'il parle, elle se reprend et se durcit : elle
comprend que Frantz ne cherche qu'à protéger son délire.*]
J'ai vécu douze ans sur un toit de glace au-dessus des
sommets ; j'avais précipité dans la nuit la fourmillante
verroterie.

Johanna (déjà méfiante). Quelle verroterie ?

Frantz. Le monde, chère Madame. Le monde où vous vivez. 250
[*Un temps.*] Cette pacotille d'iniquité ressuscite. Par vous :
Quand vous me quittez, elle m'entoure parce que vous
êtes dedans. Vous m'écrasez aux pieds de la Suisse
saxonne, je divague dans un pavillon de chasse à cinq
mètres au-dessus de la mer. L'eau renaît dans la baignoire
autour de votre chair. A présent l'Elbe coule et l'herbe
croît. Une femme est une traître, Madame.

Johanna (sombre et durcie). Si je trahis quelqu'un ce n'est pas
vous.

Frantz. C'est moi ! C'est moi *aussi*, agent double ! Vingt 260
heures sur vingt-quatre vous voyez, vous sentez, vous
pensez sous mes semelles avec tous les autres : vous me
soumettez aux lois du vulgaire. [*Un temps.*] Si je tiens sous
clé, calme absolu : le monde retournera aux abîmes, vous
ne serez que ce que vous êtes : [*la désignant*] ça ! Les
crabes me rendront leur confiance et je leur parlerai.

Johanna (ironique). Me parlerez-vous quelquefois ?

Frantz (montrant le plafond). Nous leur parlerons ensemble.
[*Johanna éclate de rire. Il la regarde, déconcerté.*] Vous
refusez ?   270

Johanna. Qu'y a-t-il à refuser ? Vous me racontez un cauchemar : j'écoute. Voilà tout.

Frantz. Vous ne quitterez pas Werner ?

Johanna. Je vous ai dit que non.

Frantz. Alors, quittez-moi. Voici la photo de votre mari.
[*Il la lui donne, elle la prend.*] Quant à la montre, elle

entrera dans l'Éternité au quatrième top exactement. [*Il défait le bracelet et regarde le cadran.*] Hop! [*Il la jette sur le sol.*] Désormais, il sera quatre heures trente à toute heure. En souvenir de vous, Madame. Adieu. [*Il va à la 280 porte, ôte le verrou, lève la barre. Long silence. Il s'incline et lui montre la porte. Elle va jusqu'à l'entrée sans se presser, tire le verrou et baisse la barre. Puis elle revient vers lui, calme et sans sourire, avec une réelle autorité.*] Bon! [*Un temps.*] Qu'allez-vous faire?

Johanna. Ce que je fais depuis lundi: la navette.

[*Geste.*

Frantz. Et si je n'ouvrais pas?

Johanna (tranquille). Vous ouvrirez.

[*Frantz se baisse, ramasse la montre et la porte à son oreille. 290 Son visage et sa voix changent: il parle avec une sorte de chaleur. A partir de cette réplique, une vraie complicité entre eux pour un moment.*]

Frantz. Nous avons de la chance: elle marche. [*Il regarde le cadran.*] Quatre heures trente et une; l'Éternité plus une minute. Tournez, tournez, les aiguilles: il faut vivre. [*A Johanna.*] Comment?

Johanna. Je ne sais pas.

Frantz. Nous serons trois fous furieux.

Johanna. Quatre.   300

Frantz. Quatre?

Johanna. Si vous refusez de le recevoir, le père avertira Leni.

Frantz. Il en est bien capable.

Johanna. Qu'arriverait-il?

Frantz. Leni n'aime pas les complications.

Johanna. Alors?

Frantz. Elle simplifiera.

Johanna (prenant dans sa main le revolver qui se trouve sur la table de Frantz). Avec ça?

Frantz. Avec ça ou autrement.   310

Johanna. En pareil cas, les femmes tirent sur la femme.

Frantz. Leni n'est femme qu'à demi.

Johanna. Cela vous ennuierait de mourir?

Frantz. Franchement, oui. [*Geste au plafond.*] Je n'ai pas trouvé les mots qu'ils peuvent comprendre. Et vous?

Johanna. Je n'aimerais pas que Werner reste seul.

Frantz (*petit rire, en conclusion*). Nous ne pouvons ni mourir, ni vivre.

Johanna (*même jeu*). Ni nous voir ni nous quitter.

Frantz. Nous sommes drôlement coincés.   320

[*Il s'assied.*

Johanna. Drôlement.

[*Elle s'assied sur le lit. Silence. Frantz tourne le dos à Johanna et frotte deux coquilles l'une contre l'autre.*]

Frantz (*tournant le dos à Johanna*). Il faut qu'il y ait une issue.

Johanna. Il n'y en a pas.

Frantz (*avec force*). Il faut qu'il y en ait une! [*Il frotte ses coquilles avec une violence maniaque et désespérée.*] Hein, quoi?

Johanna. Laissez donc vos coquilles. C'est insupportable.   330

Frantz. Taisez-vous! [*Il jette les coquilles contre le portrait de Hitler.*] Voyez l'effort que je fais. [*Il se retourne à demi vers elle et lui montre ses mains tremblantes.*] Savez-vous ce qui me fait peur?

Johanna. L'issue? [*Signe affirmatif de Frantz, toujours crispé.*] Qu'est-ce que c'est?

Frantz. Doucement. [*Il se lève et marche avec agitation.*] Ne me pressez pas. Toutes les voies sont barrées, même celle du moindre mal. Reste un chemin qu'on ne barre jamais, vu qu'il est impracticable: celui du pire. Nous le   340 prendrons.

Johanna (*dans un cri*). Non!

Frantz. Vous voyez bien que vous connaissez la sortie.

Johanna (*avec passion*). Nous avons été heureux.

Frantz. Heureux en Enfer?

Johanna. (*Elle enchaîne passionnément.*) Heureux en Enfer oui. Malgré vous, malgré moi. Je vous en prie, je vous en supplie, restons ce que nous sommes. Attendons sans un mot, sans un geste. [*Elle le prend par le bras.*] Ne changeons pas. 350

Frantz. Les autres changent, Johanna, les autres vont nous changer. [*Un temps.*] Croyez-vous que Leni nous laissera vivre?

Johanna (*avec violence*). Leni, je me charge d'elle. S'il faut tirer, je tirerai la première.

Frantz. Écartons Leni. Nous voilà seuls et face à face: qu'arriverera-t-il?

Johanna (*avec la même passion*). Rien n'arrivera! Rien ne changera! Nous serons...

Frantz. Il arrivera que vous me détruirez. 360

Johanna (*même jeu*). Jamais!

Frantz. Vous me détruirez lentement, sûrement, par votre seule présence. Déjà ma folie se délabre; Johanna, c'était mon refuge; que deviendrai-je quand je verrai le jour?

Johanna (*même jeu*). Vous serez guéri.

Franz (*bref éclat*). Ha! [*Un temps. Rire dur.*] Je serai gâteux.

Johanna. Je ne vous ferai jamais de mal; je ne songe pas à vous guérir: votre folie, c'est ma cage. J'y tourne en rond.

Frantz (*avec une tendresse amère et triste*).Vous tournez, petit écureuil? Les écureuils ont de bonnes dents: vous ron- 370 gerez les barreaux.

Johanna. C'est faux! Je n'en ai pas même le désir. Je me plie à tous vos caprices.

Frantz. Pour cela, oui. Mais cela se voit trop. Vos mensonges sont des aveux.

Johanna (*crispée*). Je ne vous mens jamais!

Frantz. Vous ne faites que cela. Généreusement. Vertueusement. Comme un brave petit soldat. Seulement vous mentez très mal. Pour bien mentir, voyez-vous, il faut être soi-même un mensonge: c'est mon cas. Vous, vous 380 êtes vraie. Quand je vous regarde, je connais que la vérité existe et qu'elle n'est pas de mon bord. [*Riant.*] S'il y a des orphelins à Düsseldorf, je parie qu'ils sont gras comme des cailles!

Johanna (*d'une voix mécanique et butée*). Ils sont morts!
L'Allemagne est morte!

Frantz (*brutalement*). Taisez-vous! [*Un temps.*] Eh bien?
Vous le connaissez, à présent, le chemin du pire? Vous
m'ouvrez les yeux parce que vous essayez de me les
fermer. Et moi qui, chaque fois, vous déjoue, je me fais 390
votre complice parce que... parce que je tiens à vous.

Johanna (*qui s'est un peu reprise*). Donc chacun fait le contraire
de ce qu'il veut?

Frantz. Exactement.

Johanna (*d'une voix rogue et heurtée*). Eh bien? Quelle est
l'issue?

Frantz. Que chacun veuille ce qu'il est contraint de faire.

Johanna. Il faut que je veuille vous détruire?

Frantz. Il faut que nous nous aidions à vouloir la Vérité.

Johanna (*même jeu*). Vous ne la voudrez jamais. Vous êtes 400
truqué jusqu'aux os.

Frantz (*sec et distant*). Eh! ma chère, il fallait bien me défendre.
[*Un temps. Plus chaleureux.*] Je renoncerai sur l'heure à
l'illusionnisme, quand...

[*Il hésite.*

Johanna. Quand?

Frantz. Quand je vous aimerai plus que mes mensonges,
quand vous m'aimerez malgré ma vérité.

Johanna (*ironiquement*). Vous avez une vérité? Laquelle?
Celle que vous dites aux crabes? 410

Frantz (*bondissant sur elle*). Quels crabes? Êtes-vous folle?
Quels crabes? [*Un temps. Il se détourne.*] Ah! oui. Eh bien,
oui... [*D'un trait, brusquement.*] Les crabes sont des
hommes. [*Un temps.*] Hein, quoi? [*Il s'assied.*] Où ai-je été
chercher cela? [*Un temps.*] Je le savais... autrefois... Oui,
oui, oui. Mais j'ai tant de soucis. [*Un temps. D'un ton décidé.*]
De vrais hommes, bons et beaux, à tous les balcons des
siècles. Moi, je rampais dans la cour; je croyais les entendre:
"Frère, qu'est-ce que c'est que ca?" Ça, c'était moi... [*Il
se lève. Salut militaire, garde à vous. D'une voix forte.*] Moi, 420

le Crabe. [*Il se tourne vers Johanna et lui parle familière-ment.*] Eh bien, j'ai dit non: des hommes ne jugeront pas mon temps. Que seront-ils, après tout? Les fils de nos fils. Est-ce qu'on permet aux marmots de condamner leurs grands-pères? J'ai retourné la situation; j'ai crié: "Voici l'homme; après moi, le déluge; après le déluge, les crabes, *vous!*" Démasqués, tous! les balcons grouillaient d'arthro-podes. [*Solennel.*] Vous n'êtes pas sans savoir que l'espèce humaine est partie du mauvais pied: j'ai mis le comble à sa poisse fabuleuse en livrant sa dépouille mortelle au 430 Tribunal des Crustacés. [*Un temps. Il marche de côté, lentement.*] Bon. Alors, ce seront des hommes. [*Il rit doucement, d'un air égaré et marche à reculons vers le portrait de Hitler.*] Des hommes, voyez-vous cela! [*Brusque-ment hérissé.*] Johanna, je récuse leur compétence, je leur ôte cette affaire et je vous la donne. Jugez-moi.

Johanna (*avec plus de résignation que de surprise*). Vous *juger?*

Frantz (*criant*). Vous êtes sourde? [*La violence fait place à l'étonnement anxieux.*] Hein, quoi? [*Il se reprend. Rire sec, presque fat, mais sinistre.*] Vous me jugerez, ma foi, vous me 440 jugerez.

Johanna. Hier encore, vous étiez le témoin. Le témoin de l'Homme.

Frantz. Hier, c'était hier. [*Il se passe la main sur le front.*] Le témoin de l'Homme... [*Riant.*] Et qui voulez-vous que ce soit? Voyons, Madame, c'est l'Homme, un enfant le devinerait. L'accusé témoigne pour lui-même. Je reconnais qu'il y a cercle vicieux. [*Avec une fierté sombre.*] Je suis l'Homme, Johanna; je suis tout homme et tout l'Homme, je suis le Siècle [*brusque humilité bouffonne*], comme 450 n'importe qui.

Johanna. En ce cas je ferai le procès d'un autre.

Frantz. De qui?

Johanna. De n'importe qui.

Frantz. L'accusé promet d'être exemplaire: je devais témoigner à décharge mais je me chargerai si vous voulez.

[*Un temps.*] Bien entendu, vous êtes libre. Mais si vous m'abandonnez sans m'entendre et par peur de me connaître, vous aurez porté sentence, bon gré, mal gré. Décidez. [*Un temps. Il désigne le plafond.*] Je leur dis ce 460 qui me passe par la tête: jamais de réponse. Je leur raconte des blagues, aussi, histoire de rire: j'en suis encore à me demander s'ils les gobent ou s'ils les retiennent contre moi. Une pyramide de silence au-dessus de ma tête, un millénaire qui se tait: ça me tue. Et s'ils m'ignorent? S'ils m'ont oublié? Qu'est-ce que je deviens, moi, sans tribunal? Quel mépris! — "Tu peux faire ce que tu veux, on s'en fout!" — Alors? Je compte pour du beurre? Une vie qui n'est pas sanctionnée, la terre la boit. C'était l'Ancien Testament. Voici le Nouveau. Vous 470 serez l'avenir et le présent, le monde et moi-même; hors de vous, rien: vous me ferez oublier les siècles, je vivrai. Vous m'écouterez, je surprendrai vos regards, je vous entendrai me répondre; un jour, peut-être, après des années, vous reconnaîtrez mon innocence et je le saurai. Quelle fête carillonnée: vous me serez tout et tout m'acquittera. [*Un temps.*] Johanna! Est-ce que c'est possible?

[*Un temps.*

Johanna. Oui.   480
Frantz. On peut encore m'aimer?
Johanna (*sourire triste mais avec une profonde sincérité*). Malheureusement.
[*Frantz se lève. Il a l'air délivré, presque heureux. Il va vers Johanna et la prend dans ses bras.*]
Frantz. Je ne serai plus jamais seul... [*Il va pour l'embrasser puis, brusquement, il l'éloigne et reprend son air maniaque et dur. Johanna le regarde, comprend qu'il est entré dans sa solitude et se durcit à son tour. Avec une ironie mauvaise mais qui ne porte que sur lui-meme.*] Je vous demande pardon, 490 Johanna; il est un petit peu tôt pour corrompre le juge que je me suis donné.

Johanna. Je ne suis pas votre juge. Ceux qu'on aime, on ne les juge pas.

Frantz. Et si vous cessiez de m'aimer? Est-ce que ce ne serait pas le jugement? Le jugement dernier?

Johanna. Comment le pourrais-je?

Frantz. En apprenant qui je suis.

Johanna. Je le sais déjà.

Frantz (se frottant les mains d'un air réjoui). Oh! non. Pas du 500 tout! Pas du tout! [*Un temps. Il a l'air tout à fait fou.*] Un jour viendra, pareil à tous les jours, je parlerai de moi, vous m'écouterez et, tout d'un coup, l'amour s'écroulera! Vous me regarderez avec horreur et je me sentirai redevenir... [*Il se met à quatre pattes et marche de côté.*] ...crabe!

Johanna (le regardant avec horreur). Arrêtez!

Frantz (à quatre pattes). Vous ferez ces yeux! Justement ceux-là! [*Il se relève prestement.*] Condamné, hein? Condamné sans recours! [*D'une voix changée, cérémonieuse et* 510 *optimiste.*] Bien entendu, il est également possible que je fasse l'objet d'un acquittement.

Johanna (méprisante et tendue). Je ne suis pas sûre que vous le souhaitiez.

Frantz. Madame, je souhaite en finir: d'une manière ou d'une autre.

[*Un temps.*

Johanna. Vous avez gagné, bravo! Si je pars, je vous condamne; si je reste, vous mettez la méfiance entre nous; elle brille déjà dans vos yeux. Eh bien, suivons le pro- 520 gramme: veillons à nous dégrader ensemble, avilissons-nous bien soigneusement et l'un par l'autre; nous ferons de notre amour un instrument de torture; nous boirons, n'est-ce pas? Vous vous remettrez au champagne; moi, c'était le whisky, j'en apporterai. Chacun sa bouteille, face à l'autre et seul. [*Avec un sourire mauvais.*] Savez-vous ce que nous serons, témoin de l'Homme? Un couple comme tous les couples! [*Elle se verse du champagne et lève la coupe.*] Je bois à nous! [*Elle boit d'un trait et jette la coupe contre le portrait de Hitler. La coupe se brise en heurtant le* 530 *portrait. Johanna va prendre un fauteuil sur le tas de meubles brisés, le redresse et s'assied.*] Alors?

Frantz (déconcerté). Johanna… Est-ce que…

Johanna. C'est moi qui interroge. Alors? Qu'avez-vous à dire?

Frantz. Vous ne m'avez pas compris. S'il n'y avait que nous deux, je vous jure…

Johanna. Qu'y a-t-il d'autre?

Frantz (péniblement). Leni, ma sœur. Si je me décide à parler, c'est pour nous sauver d'elle. Je dirai… ce qui est 540 à dire, sans m'épargner mais à ma façon, petit à petit; cela prendra des mois, des années, peu importe! Je ne demande que votre confiance et vous aurez la mienne, si vous me promettez de ne plus croire que moi.

Johanna. (*Elle le regarde longuement. Plus douce.*) Bon. Je ne croirai que vous.

Frantz (avec un peu de solennité, mais sincèrement). Tant que vous tiendrez cette promesse, Leni sera sans pouvoir sur nous. [*Il va s'asseoir.*] J'ai eu peur. Vous étiez dans mes bras, je vous désirais, j'allais vivre… et, tout d'un coup, 550 j'ai vu ma sœur et je me suis dit: elle nous cassera. [*Il sort un mouchoir de sa poche et s'éponge le front.*] Ouf! [*D'une voix douce.*] C'est l'été, n'est-ce pas? Il doit faire chaud. [*Un temps. Le regard dans le vide.*] Savez-vous qu'il avait fait de moi une assez formidable machine?

Johanna. Le père?

Frantz (même jeu). Oui. Une machine à commander. [*Petit rire. Un temps.*] Un été de plus! et la machine tourne encore. A vide, comme toujours. [*Il se léve.*] Je vous dirai ma vie; mais ne vous attendez pas à de grandes scéléra- 560 tesses. Oh, non: même pas cela. Savez-vous ce que je me reproche: je n'ai rien fait. [*La lumière baisse lentement.*] Rien! Rien! Jamais!

IV. 3

FRANTZ, JOHANNA, UNE FEMME

Une Voix de Femme (*doucement*). Soldat!

Johanna (*sans entendre la femme*). Vous avez fait la guerre.

Frantz. Pensez-vous!

[*Il commence à faire sombre.*

Voix de Femme (*plus fort*). Soldat!

Frantz (*debout sur le devant de la scène, seul visible. Johanna, assise sur le fauteuil est entrée dans l'ombre*). La guerre, on ne la fait pas: c'est elle qui nous fait. Tant qu'on se battait, je rigolais bein: j'étais un civil en uniforme. Une nuit, je suis devenu soldat pour toujours. [*Il prend*   10 *derrière lui, sur la table, une casquette d'officier et s'en coiffe d'un geste brusque.*] Un pauvre gueux de vaincu, un incapable. Je revenais de Russie, je traversais l'Allemagne en me cachant, je suis entré dans un village en ruines.

La Femme (*toujours invisible, plus fort*). Soldat!

Frantz. Hein? [*Il se retourne brusquement. De la main gauche, il tient une torche électrique; de la main droite, il tire son revolver de son étui, prêt à tirer: la torche électrique n'est pas allumée.*] Qui m'appelle?

La Femme. Cherche bien.   20

Frantz. Combien êtes-vous?

La Femme. A ta hauteur, plus personne. Par terre, il y a moi. [*Frantz allume brusquement sa torche en la dirigeant vers le sol. Une femme noire est accotée contre le mur, à demi couchée sur le parquet.*] Éteins ça, tu m'éblouis. [*Frantz éteint. Reste une clarté diffuse qui les enveloppe et qui les rend visibles.*] Ha! Ha! Tire! Tire donc! Finis ta guerre en assassinant une Allemande!

[*Frantz s'aperçoit qu'il a, sans même y prendre garde, braqué son revolver contre la femme. Il le remet avec horreur dans sa*   30 *poche.*]

Frantz. Que fais-tu là?

La Femme. Tu vois; je suis au pied du mur. [*Fièrement.*] C'est mon mur. Le plus solide du village. Le seul qui ait tenu.

Frantz. Viens avec moi.

La Femme. Allume ta torche. [*Il l'allume, le faisceau lumineux éclairant le sol. Il fait sortir de l'ombre une couverture qui enveloppe la femme des pieds à la tête.*] Regarde. [*Elle soulève un peu la couverture. Il dirige la torche vers ce qu'elle lui montre et que le public ne voit pas. Puis avec un grognement, brusquement il éteint.*] Eh oui: c'étaient mes jambes.

Frantz. Que puis-je faire pour toi?

La Femme. T'asseoir une minute. [*Il s'assied près d'elle.*] J'ai mis au pied du mur un soldat de chez nous! [*Un temps.*] Je ne demandais plus rien d'autre. [*Un temps.*] J'espérais que ce serait mon frère, mais il a été tué. En Normandie. Tant pis; tu feras l'affaire. Je lui aurais dit: "Regarde! [*Montrant les ruines du village.*] C'est ton ouvrage."

Frantz. Son ouvrage?

La Femme (*directe, sur Frantz*). Et le tien, mon garçon!

Frantz. Pourquoi?

La Femme (*c'est une évidence*). Tu t'es laissé battre.

Frantz. Ne dis pas de bêtises. [*Il se lève brusquement, face à la femme. Son regard rencontre une affiche, jusqu'alors invisible et qu'un projecteur éclaire. Elle est collée sur le mur, à un mètre soixante-quinze du sol, à droite de la femme: "Les coupables, c'est vous!"*] Encore! Ils la mettent donc partout! [*Il va pour la déchirer.*

La Femme (*la tête renversée en arrière, le regardant*). Laisse-la! Laisse, je te dis, c'est *mon* mur! [*Frantz s'éloigne.*] Les coupables, c'est vous! [*Elle lit et la désigne.*] Toi, mon frère, vous tous!

Frantz. Tu es d'accord avec eux?

La Femme. Comme la nuit avec le jour. Ils racontent au Bon Dieu que nous sommes des cannibales et le Bon Dieu les écoute parce qu'ils ont gagné. Mais on ne m'ôtera pas de l'idée que le vrai cannibale, c'est le vainqueur. Avoue-le, soldat: tu ne voulais pas manger de l'homme.

Frantz (avec lassitude). Nous en avons détruit! Détruit! Des villes et des villages! Des capitales!

La Femme. S'ils vous ont battus, c'est qu'ils en ont détruit plus que vous. [*Frantz hausse les épaules.*] As-tu mangé de l'homme?

Frantz. Et ton frère? Est-ce qu'il en a mangé?

La Femme. Sûrement pas: il gardait les bonnes manières. Comme toi.

Frantz (après un silence). On t'a parlé des camps?

La Femme. Desquels?

Frantz. Tu sais bien: les camps d'extermination.

La Femme. On m'en a parlé.

Frantz. Si l'on t'apprenait que ton frère, au moment de sa mort, était gardien dans l'un de ces camps, tu serais fière?

La Femme (farouche). Oui. Écoute-moi bien, mon garçon, si mon frère avait des morts par milliers sur la conscience, si, parmi ces morts, il se trouvait des femmes pareilles à moi, des enfants pareils à ceux qui pourrissent sous ces pierres, je serais fière de lui: je saurais qu'il est au Paradis et qu'il a le droit de penser: "Moi, j'ai fait ce que j'ai pu!" Mais je le connais: il nous aimait moins que son honneur, moins que ses vertus. Et voilà! [*Geste circulaire. Avec violence.*] Il fallait la Terreur — que vous dévastiez tout!

Frantz. Nous l'avons fait.

La Femme. Jamais assez! Pas assez de camps! Pas assez de bourreaux! Tu nous a trahis en donnant ce qui ne t'appartenait pas: chaque fois que tu épargnais la vie d'un ennemi, fût-il au berceau, tu prenais une des nôtres; tu as voulu combattre sans haine et tu m'as infectée de la haine qui me ronge le cœur. Où est ta vertu, mauvais soldat? Soldat de la déroute, où est ton honneur? Le coupable, c'est toi! Dieu ne te jugera pas sur tes actes, mais sur ce que tu n'as pas osé faire: sur les crimes qu'il fallait commettre et que tu n'as pas commis! [*L'obscurité s'est faite peu à peu. Seule l'affiche reste visible. La voix répète en s'éloignant.*] Le coupable, c'est toi! C'est toi! C'est toi!

[*L'affiche s'éteint.*

IV. 4

FRANTZ, JOHANNA

Voix de Frantz (*dans la nuit*). Johanna!
[*Lumière. Frantz est debout, tete nue, près de sa table. Johanna est assise dans le fauteuil. La femme a disparu.*]
Johanna (*sursautant*). Eh bien?

[*Frantz va vers elle. Il la regarde longuement.*
Frantz. Johanna!

[*Il la regarde, essayant de chasser ses souvenirs.*
Johanna (*se rejetant en arrière avec un peu de sécheresse*). Qu'est-elle devenue?
Frantz. La femme? Cela dépend.   10
Johanna (*surprise*). De quoi donc?
Frantz. De mes rêves.
Johanna. Ce n'était pas un souvenir?
Frantz. C'est aussi un rêve. Tantôt je l'emmène, tantôt je l'abandonne et tantôt... De toute façon, elle crève, c'est un cauchemar. [*Le regard fixe, pour lui-même.*] Je me demande si je ne l'ai pas tuée.
Johanna (*sans surprise, mais avec peur et dégoût*). Ha!

[*Il se met à rire.*
Frantz (*un geste pour appuyer sur une gâchette imaginaire*).   20
Comme ça. [*Défi souriant.*] Vous l'auriez laissée souffrir? Sur toutes les routes il y a des crimes. Des crimes préfabriqués qui n'attendent que leur criminel. Le vrai soldat passe et s'en charge. [*Brusquement.*] L'histoire vous

déplaît? Je n'aime pas vos yeux! Ah! Donnez-lui la fin qu'il vous plaira. [*Il s'éloigne d'elle à grands pas. Près de la table, il se retourne.*] "Le coupable, c'est toi!" Qu'en dites-vous? Elle avait raison?

Johanna (*haussant les épaules*). Elle était folle.

Frantz. Oui. Qu'est-ce que cela prouve? 30

Johanna (*force et clarté*). Nous avons perdu parce que nous manquions d'hommes et d'avions!

Frantz (*l'interrompant*). Je sais! Je sais! Cela regarde Hitler. [*Un temps.*] Je vous parle de moi. La guerre était mon lot: jusqu'où devais-je l'aimer? [*Elle veut parler.*] Réfléchissez! Réfléchissez bien: votre réponse sera décisive.

Johanna (*mal à l'aise, agacée et durcie*). C'est tout réfléchi.

Frantz. (*Un temps.*) Si j'avais commis en effet tous les forfaits qu'on a jugés à Nuremberg…

Johanna. Lesquels? 40

Frantz. Est-ce que je sais! Génocide et tout le bordel!

Johanna (*haussant les épaules*). Pourquoi les auriez-vous commis?

Frantz. Parce que la guerre était mon lot: quand nos pères ont engrossé nos mères, ils leur ont fait des soldats. Je ne sais pas pourquoi.

Johanna. Un soldat c'est un homme.

Frantz. C'est d'abord un soldat. Alors? M'aimeriez-vous encore? [*Elle veut parler.*] Mais prenez votre temps, nom de Dieu! [*Elle le regarde en silence.*] Eh bien?

Johanna. Non. 50

Frantz. Vous ne m'aimeriez plus? [*Signe de Johanna.*] Je vous ferais horreur?

Johanna. Oui.

Frantz (*éclatant de rire*). Bon, bon, bon! Rassurez-vous, Johanna: vous avez affaire à un puceau. Innocence garantie. [*Elle reste défiante et dure.*] Vous pouvez bien me sourire: j'ai tué l'Allemagne par sensiblerie.

[*La porte de la salle de bains s'ouvre. Klages entre, referme la porte et va s'asseoir, à pas lents, sur la chaise de Frantz. Frantz ni Johanna ne lui prêtent attention.*]

IV. 5

Frantz. Nous étions cinq cents près de Smolensk. Accrochés
à un village. Commandant tué, capitaines tués: restaient
nous deux, les deux lieutenants et un feldwebel. Drôle de
triumvirat: le lieutenant Klages, c'était le fils d'un pasteur;
un idéaliste, dans les nuages... Heinrich, le feldwebel, avait
les pieds sur terre, mais il était cent pour cent nazi. Les
partisans nous coupaient de l'arrière: ils tenaient la route
sous leur feu. Trois jours de vivres. On a trouvé deux
paysans russes, on les a mis dans une grange et baptisé les
prisonniers. 10

Klages (accablé). Quelle brute!

Frantz (sans se retourner). Eh?

Klages. Heinrich! Je dis: quelle brute!

Frantz (vague, même jeu). Ah oui...

Klages (piteux et sinistre). Frantz, je suis dans un merdier!
[*Frantz se retourne brusquement vers lui.*] Les deux paysans,
il s'est mis en tête de les faire parler.

Frantz. Ah! Ah! [*Un temps.*] Et toi, tu ne veux pas qu'il les
bouscule?

Klages. J'ai tort? 20

Frantz. La question n'est pas là.

Klages. Où est-elle?

Frantz. Tu lui as défendu d'entrer dans la grange? [*Signe de
Klages.*] Donc, il ne faut pas qu'il y entre.

Klages. Tu sais bien qu'il ne m'écoutera pas.

Frantz (feignant l'étonnement indigné). Hein?

Klages. Je ne trouve pas les mots.

Frantz. Hein?

Klages. Les mots pour le convaincre.

Frantz (stupéfait). Et par-dessus le marché, tu veux qu'il soit con- 30
vaincu! [*Brutal.*] Traite-le comme un chien, fais-le ramper!

Klages. Je ne peux pas. Si je méprise un homme, un seul, même un bourreau, je n'en respecterai plus aucun.

Frantz. Si un subordonné, un seul refuse de t'obéir, tu ne seras plus obéi par aucun. Le respect de l'homme, je m'en moque, mais si tu fous la discipline en l'air, c'est la déroute, le massacre ou les deux à la fois.

Klages. (*Il se lève, va vers la porte, l'entrouvre et jette un coup d'œil au dehors.*) Il est devant la grange: il guette. [*Il referme la porte et se tourne vers Frantz.*] Sauvons-les! 40

Frantz. Tu les sauveras si tu sauves ton autorité.

Klages. J'avais pensé...

Frantz. Quoi?

Klages. Heinrich t'écoute comme le Bon Dieu.

Frantz. Parce que je le traite comme un tas de merde: c'est logique.

Klages (*gêné*). Si l'ordre venait de toi... [*Suppliant.*] Frantz!

Frantz. Non. Les prisonniers, c'est ton rayon. Si je donne un ordre à ta place, je te déconsidère. Et si je suis tué dans une heure, après t'avoir coulé, Heinrich commandera 50 seul. Ce sera la catastrophe: pour mes soldats parce qu'il est bête, pour tes prisonniers parce qu'il est méchant. [*Il traverse la salle et s'approche de Johanna.*] Et surtout pour Klages: tout lieutenant qu'il était, Heinrich l'aurait mis au trou.

Johanna. Pourquoi?

Frantz. Klages souhaitait notre défaite.

Klages. Je ne la souhaite pas: je la veux!

Frantz. Tu n'as pas le droit!

Klages. Ce sera l'effondrement de Hitler. 60

Frantz. Et celui de l'Allemagne. [*Riant.*] Kaputt! Kaputt! [*Revenant à Johanna.*] C'était le champion de la restriction mentale; il condamnait les nazis dans son âme pour se cacher qu'il les servait dans son corps.

Johanna. Il ne les servait pas!

Frantz (*à Johanna*). Allez! Vous êtes de la même espèce. Ses mains les servaient, sa voix les servait. Il disait à Dieu:

"Je ne veux pas ce que je fais!" mais il le faisait. [*Revenant à Klages.*] La guerre passe par toi. En la refusant, tu te condamnes à l'impuissance: tu as vendu ton âme pour rien, moraliste. La mienne, je la ferai payer. [*Un temps.*] D'abord gagner! Ensuite, on s'occupera de Hitler.

Klages. Il ne sera plus temps.

Frantz. Nous verrons! [*Revenant sur Johanna, menaçant.*] On m'avait trompé, Madame, et j'avais décidé qu'on ne me tromperait plus.

Johanna. Qui vous avait trompé?

Frantz. Vous le demandez? Luther. [*Riant.*] Vu! Compris! J'ai envoyé Luther au diable et je suis parti. La guerre était mon destin et je l'ai voulue de toute mon âme. J'agissais, enfin! Je réinventais les ordres; j'étais d'accord avec moi.

Johanna. Agir, c'est tuer?

Frantz (à Johanna). C'est agir. Écrire son nom.

Klages. Sur quoi?

Frantz (à Klages). Sur ce qui se trouve là. J'écris le mien sus cette plaine. Je répondrai de la guerre comme si je l'avair faite à moi seul et, quand j'aurai gagné, je rempilerai.

Johanna (très sèche). Et les prisonniers, Frantz?

Frantz (se retournant vers elle). Hé?

Johanna. Vous qui répondez de tout, avez-vous répondu d'eux?

Frantz. (Un temps.) Je les ai tirés d'affaire. [*A Klages.*] Comment lui donner cet ordre sans compromettre ton autorité? Attends un peu. [*Il réfléchit.*] Bien! [*Il va à la porte et l'ouvre. Appelant.*] Heinrich!

    [*Il revient vers la table, Heinrich entre en courant.*

IV. 6

FRANTZ, JOHANNA, KLAGES, HEINRICH

Heinrich (salut militaire. Garde-à-vous). A vos ordres, mon
    lieutenant.
[*Un vague sourire de confiance heureuse, presque tendre, éclaire
    son visage quand il s'adresse à Frantz.*]
*Frantz. (Il s'avance vers le feldwebel sans hâte et l'inspecte de la
    tête aux pieds.)* Feldwebel, vous vous négligez. [*Désignant
    un bouton qui pend à une boutonnière.*] C'est quoi, ça?
Heinrich. C'est… heu… c'est un bouton, mon lieutenant.
Frantz (bonhomme). Vous alliez le perdre, mon ami. [*Il le lui
    arrache d'un coup sec et le garde dans la main gauche.*]   10
    Vous le recoudrez.
Heinrich (désolé). Mon lieutenant, personne n'a plus de fil.
Frantz. Tu réponds, sac à merde? [*Il le gifle de la main droite,
    à toute volée par deux reprises.*] Ramasse! [*Il laisse tomber le
    bouton. Le feldwebel se baisse pour le ramasser.*] Garde-à-
    vous! [*Le feldwebel a ramassé le bouton. Il se met au garde-
    à-vous.*] A partir d'aujourd'hui, le lieutenant Klages et
    moi, nous avons décidé de changer nos fonctions toutes les
    semaines. Vous le conduirez tout à l'heure aux avant-
    postes; moi, jusqu'à lundi, je prends ses attributions.   20
    Rompez. [*Heinrich fait le salut militaire.*] Attendez! [*A
    Klages.*] Il y a des prisonniers, je crois?
Klages. Deux.
Frantz. Très bien: je les prends en charge.
*Heinrich. (Ses yeux brillent, il croit que Frantz acceptera ses
    suggestions).* Mon lieutenant!
Frantz (brutal, l'air étonné). Quoi?
Heinrich. C'est des partisans.
Frantz. Possible! Après?
Heinrich. Si vous permettiez…   30
Klages. Je lui ai déjà interdit de s'occuper d'eux.

Frantz. Vous entendez, Heinrich? Voilà qui est réglé.
Dehors!

Klages. Attends. Sais-tu ce qu'il m'a demandé?

Heinrich (à Frantz). Je... je plaisantais, mon lieutenant.

Frantz (fronçant le sourcil). Avec un supérieur? [*A Klages.*]
Qu'a-t-il demandé?

Klages. "Que ferez-vous si je ne vous obéis pas?"

Frantz (d'une voix neutre). Ah! [*Il se tourne vers Heinrich.*]
Aujourd'hui, Feldwebel, c'est à moi de vous répondre. 40
Si vous n'obéissez pas... [*Frappant sur son étui à revolver*]
...je vous abattrai.

[*Un temps.*

Klages (à Heinrich). Conduisez-moi aux avant-postes.

[*Il échange un clin d'œil avec Frantz et sort derrière Heinrich.*

IV. 7

FRANTZ, JOHANNA

Frantz. C'était bien de tuer mes soldats?

Johanna. Vous ne les avez pas tués.

Frantz. Je n'ai pas *tout* fait pour les empêcher de mourir.

Johanna. Les prisonniers n'auraient pas parlé.

Frantz. Qu'en savez-vous?

Johanna. Des paysans? Ils n'avaient rien à dire.

Frantz. Qui prouve que ce n'étaient pas des partisans?

Johanna. En général, les partisans ne parlent pas.

Frantz. En général, oui! [*Insistant, l'air fou.*] L'Allemagne
vaut bien un crime, hein, quoi? [*Mondain, d'une aisance* 10
égarée, presque bouffonne.] Je ne sais pas si je me fais
comprendre. Vous êtes déjà une autre génération. [*Un*
temps. Violent, dur, sincère, sans la regarder, l'œil fixe,
presque au garde-à-vous.] La vie brève; avec une mort de
choix! Marcher! Marcher! Aller au bout de l'horreur,
dépasser l'Enfer! Une poudrière: je l'aurais foudroyée

dans les ténèbres, tout aurait sauté sauf mon pays; un instant, j'aurais été le bouquet tournoyant d'un feu d'artifice mémorable et puis plus rien : la nuit et mon nom, seul, sur l'airain. [*Un temps.*] Avouons que j'ai renâclé. 20 Les principes, ma chère, toujours les principes. Ces deux prisonniers inconnus, vous pensez bien que je leur préférais mes hommes. Il a pourtant fallu que je dise non ! Et je serais un cannibale ? Permettez : tout au plus un végétarien. [*Un temps. Pompeux, législateur.*] Celui qui ne fait pas tout ne fait rien : je n'ai rien fait. Celui qui n'a rien fait n'est personne. Personne ? [*Se désignant comme à l'appel.*] Présent ! [*Un temps. A Johanna.*] Voilà le premier chef d'accusation.

Johanna. Je vous acquitte. 30

Frantz. Je vous dis qu'il faut en débattre.

Johanna. Je vous aime.

Frantz. Johanna ! [*On frappe à la porte d'entrée,* 5, 4, 2 *fois* 3 *coups. Ils se regardent.*] Eh bien, c'était un peu tard.

Johanna. Frantz...

Frantz. Un peu tard pour m'acquitter. [*Un temps.*] Le père a parlé. [*Un temps.*] Johanna, vous verrez une exécution capitale.

Johanna (le regardant). La vôtre ? [*On recommence à frapper.*] Et vous vous laisserez égorger ? [*Un temps.*] Vous ne 40 m'aimez donc pas ?

Frantz (riant silencieusement). Notre amour, je vous en parlerai tout à l'heure... [*Désignant la porte.*] ...en sa présence. Ce ne sera pas beau. Et rappelez-vous ceci : je vous demanderai votre aide et vous ne me la donnerez pas. [*Un temps.*] S'il reste une chance... Entrez là.

[*Il l'entraine vers la salle de bains. Elle entre. Il referme la porte et va ouvrir à Leni.*]

IV. 8

Frantz. (*Il défait précipitamment son bracelet-montre et le met dans sa poche. Leni entre en portant sur une assiette un petit gâteau de Savoie recouvert de sucre blanc. Sur le gâteau, quatre bougies. Elle porte un journal sous son bras gauche.*) Pourquoi me déranger à cette heure-ci?

Leni. Tu sais l'heure?

Frantz. Je sais que tu viens de me quitter.

Leni. Le temps t'a paru court.

Frantz. Oui. [*Désignant le gâteau.*] Qu'est ce que c'est?

Leni. Un petit gâteau: je te l'aurais donné demain pour ton   10
dessert.

Frantz. Et puis?

Leni. Tu vois: je te l'apporte ce soir. Avec des bougies.

Frantz. Des bougies, pourquoi?

Leni. Compte-les.

Frantz. Une, deux, trois, quatre. Eh bien?

Leni. Tu as trente-quatre ans.

Frantz. Oui: depuis le 15 février.

Leni. Le 15 février, c'était un anniversaire.

Frantz. Et aujourd'hui?   20

Leni. Une date.

Frantz. Bon. [*Il prend le plateau et le porte sur la table.*]
"Frantz!" C'est toi qui as écrit mon nom?

Leni. Qui veux-tu que ce soit?

Frantz. La Renommée! [*Il contemple son nom.*] "Frantz"
en sucre rose. Plus joli mais moins flatteur que l'airain.
[*Il allume les bougies.*] Brûlez doucement, cierges: votre
consomption sera la mienne. [*Négligemment.*] Tu as vu le
père!

Leni. Il m'a rendu visite.   30

Frantz. Dans ta chambre?

Leni. Oui!

Frantz. Il est resté longtemps?

Leni. Bien assez.

Frantz. Dans ta chambre: c'est une faveur exceptionnelle.

Leni. Je la paierai!

Frantz. Moi aussi.

Leni. Toi aussi.

Frantz. (*Il coupe deux tranches du gâteau.*) Ceci est mon corps. [*Il verse du champagne dans deux coupes.*] Ceci est mon 40
sang. [*Il tend le gâteau à Leni.*] Sers-toi. [*Elle secoue la tête en souriant.*] Empoisonné?

Leni. Pour quoi faire?

Frantz. Tu as raison: pourquoi? [*Il tend une coupe.*] Tu accepteras bien de porter une santé? [*Leni la prend et la considère avec méfiance.*] Un crabe?

Leni. Du rouge à lèvres.

> [*Il lui arrache la coupe et la brise contre la table.*

Frantz. C'est le tien! Tu ne sais pas faire la vaisselle. [*Il lui tend l'autre coupe pleine. Elle la prend. Il verse du cham-* 50
pagne dans une troisième coupe qu'il se réserve.] Bois à moi!

Leni. A toi.

> [*Elle lève la coupe.*

Frantz. A moi! [*Il choque sa coupe contre la sienne.*] Qu'est-ce que tu me souhaites?

Leni. Qu'il n'y ait rien.

Frantz. Rien? Oh! Après? Excellente idée! [*Levant sa coupe.*] Je bois à rien. [*Il boit, repose la coupe. Leni chancelle, il la reçoit dans ses bras et la conduit au fauteuil.*] Assieds-toi, petite sœur. 60

Leni (*s'asseyant*). Excuse-moi: je suis fatiguée. [*Un temps.*] Et le plus dur reste à faire.

Frantz. Très juste.

> [*Il s'essuie le front.*

Leni (*comme à elle-même*). On gèle. Encore un été pourri.

Frantz (*stupéfait*). On étouffe.

Leni (bonne volonté). Ah? Peut-être.

> [*Elle le regarde.*

Frantz. Tu me regardes?

Leni. Oui. [*Un temps.*] Tu es un autre. Ça devrait se voir.   70

Frantz. Ça ne se voit pas?

Leni. Non. Je vois *toi*. C'est décevant. [*Un temps.*] La faute
n'est à personne, mon chéri: il aurait fallu que tu m'aimes.
Mais je pense que tu ne le pouvais pas.

Frantz. Je t'aimais bien.

Leni (cri de violence et de rage). Tais-toi! [*Elle se maîtrise mais
sa voix garde jusqu'au bout une grande dureté.*] Le père m'a
dit que tu connaissais notre belle-sœur.

Frantz. Elle vient me voir de temps en temps. Une bien brave
fille: je suis content pour Werner. Qu'est-ce que tu m'as   80
raconté? Elle n'est pas du tout bossue.

Leni. Mais si.

Frantz. Mais non! [*Geste vertical de la main.*] Elle est...

Leni. Oui: elle a le dos droit. Ça n'empêche pas qu'elle soit
bossue. [*Un temps.*] Tu la trouves belle?

Frantz. Et toi?

Leni. Belle comme la mort.

Frantz. C'est très fin ce que tu dis là: je lui en ai fait la
réflexion moi-même.

Leni. Je bois à elle!   90

> [*Elle vide sa coupe et la jette.*

Frantz (ton objectif). Tu es jalouse?

Leni. Je ne sens rien.

Frantz. Oui. C'est trop tôt.

Leni. Beaucoup trop tôt.

> [*Un temps. Frantz prend un morceau de gâteau et le mange.*

Frantz (désignant le gâteau et riant). C'est un étouffe-coquin!
> [*Il tient sa tranche de gâteau dans la main gauche. De la
> droite, il ouvre le tiroir, y prend le revolver et, tout en
> mangeant, le tend à Leni.*] Tiens.   100

Leni. Que veux-tu que j'en fasse?

Frantz (se montrant). Tire. Et laisse-la tranquille.

Leni (*riant*). Remets ça dans ton tiroir. Je ne sais même pas m'en servir.

Frantz. (*Il garde le bras tendu. Le revolver est à plat dans sa main.*) Tu ne lui feras pas de mal?

Leni. L'ai-je soignée treize ans? Ai-je mendié ses caresses? Avalé ses crachats? L'ai-je nourrie, lavée, vêtue, défendue contre tous? Elle ne me doit rien et je ne la toucherai pas. Je souhaite qu'elle ait un peu de peine, mais c'est pour 110 l'amour de toi.

Frantz (*c'est plutôt une affirmation*). Moi, je te dois tout?

Leni (*farouche*). Tout!

Frantz (*désignant le revolver*). Prends-le donc.

Leni. Tu en meurs d'envie. Quel souvenir tu lui laisserais! Et comme le veuvage lui siérait: elle en a la vocation. [*Un temps.*] Je ne songe pas à te tuer, mon cher amour, et je ne crains rien au monde plus que ta mort. Seulement je suis obligée de te faire beaucoup de mal: mon intention est de tout dire à Johanna. 120

Frantz. Tout?

Leni. Tout. Je te fracasserai dans son cœur. [*La main de Frantz se crispe sur le revolver.*] Tire donc sur ta pauvre sœurette: j'ai fait une lettre; en cas de malheur, Johanna la recevra ce soir. [*Un temps.*] Tu crois que je me venge?

Frantz. Tu me te venges pas?

Leni. Je fais ce qui est juste. Mort ou vif, il est juste que tu m'appartiennes puisque je suis la seule à t'aimer tel que tu es.

Frantz. La seule? [*Un temps.*] Hier, j'aurais fait un massacre. 130 Aujourd'hui, j'entrevois une chance. Une chance sur cent pour qu'elle m'accepte. [*Remettant le revolver dans le tiroir.*] Si tu es encore vivante, Leni, c'est que j'ai décidé de courir cette chance jusqu'au bout.

Leni. Très bien. Qu'elle sache ce que je sais et que la meilleure gagne.

[*Elle se lève, va vers la salle de bains. En passant derrière lui, elle jette le journal sur la table. Frantz sursaute.*]

Frantz. Quoi?

Leni. C'est le *Frankfurter Zeitung*: on parle de nous.   140

Frantz. De toi et de moi?

Leni. De la famille. Ils font une série d'articles: "Les Géants qui ont reconstruit l'Allemagne." A tout seigneur, tout honneur; ils commencent par les Gerlach.

Frantz. (*Il ne se décide pas à prendre le journal.*) Le père est un géant?

Leni (*désignant l'article*). C'est ce qu'ils disent; tu n'as qu'à lire: ils disent que c'est le plus grand de tous. [*Frantz prend le journal avec une sorte de grognement rauque; il l'ouvre. Il est assis face au public, le dos tourné à la salle de*   150 *bains, la tête cachée par les feuilles déployées. Leni frappe à la porte de la salle de bains.*] Ouvrez! Je sais que vous êtes là.

IV. 9

FRANTZ, LENI, JOHANNA

Johanna (*ouvrant la porte*). Tant mieux. Je n'aime pas me cacher. [*Aimable.*] Bonjour.

Leni (*aimable*). Bonjour.

[*Johanna, inquiète, écarte Leni, va directement à Frantz et le regarde lire.*]

Johanna. Les journaux? [*Frantz ne se retourne même pas. Tournée vers Leni.*] Vous allez vite.

Leni. Je suis pressée.

Johanna. Pressée de le tuer?

Leni (*haussant les épaules*). Mais non.   10

Johanna. Courez: nous avons pris de l'avance! Depuis aujourd'hui je suis convaincue qu'il supportera la vérité.

Leni. Comme c'est drôle: il est convaincu, lui aussi, que vous la supporterez.

Johanna (*souriant*). Je supporterai tout. [*Un temps.*] Le père vous a fait son rapport?

173

Leni. Mais oui.

Johanna. Il m'en avait menacée. C'est lui qui m'a donné le moyen d'entrer ici.

Leni, Ah!   20

Johanna. Il ne vous l'avait pas dit?

Leni. Non.

Johanna. Il nous manœuvre.

Leni. C'est l'evidence.

Johanna. Vous acceptez cela?

Leni. Oui.

Johanna. Que demandez-vous?

Leni (désignant Frantz). Que vous sortiez de sa vie.

Johanna. Je n'en sortirai plus.

Leni. Je vous en ferai sortir.   30

Johanna. Essayez!   [*Un silence.*

Frantz. (*Il pose son journal, se lève, va à Johanna. De tout près.*) Vous m'avez promis de ne croire que moi, Johanna, c'est le moment de vous rappeler votre promesse: aujourd'hui notre amour ne tient qu'à cela.

Johanna. Je ne croirai que vous. [*Ils se regardent. Elle lui sourit avec une confiance tendre mais le visage de Frantz est blême et bouleversé de tics. Il se force à lui sourire, se détourne, regagne sa place et reprend son journal.*] Eh bien, Leni?

Leni. Nous sommes deux. Une de trop. Celle-là doit se   40 désigner elle-même.

Johanna. Comment ferons-nous?

Leni. Il faut une sérieuse épreuve: si vous gagnez, vous me remplacez.

Johanna. Vous tricherez.

Leni. Pas la peine.

Johanna. Parce que?

Leni. Vous devez perdre.

Johanna. Voyons l'épreuve.

Leni. Bien. [*Un temps.*] Il vous a parlé du feldwebel Heinrich   50 et des prisonniers russes? Il s'est accusé d'avoir condamné à mort ses camarades en sauvant la vie de deux partisans?

Johanna. Oui.

Leni. Et vous lui avez dit qu'il avait eu raison?

Johanna (*ironique*). Vous savez tout!

Leni. Ne vous en étonnez pas: il m'a fait le coup.

Johanna. Alors? Vous prétendez qu'il a menti?

Leni. Rien n'est faux de ce qu'il vous a dit.

Johanna. Mais...

Leni. Mais l'histoire n'est pas finie. Johanna, voici l'épreuve.   60

Frantz. Formidable! [*Il rejette le journal et se léve, blême avec
   des yeux fous.*] Cent vingt chantiers! On irait de la terre à
   la lune en mettant bout à bout le parcours annuel de nos
   bateaux. L'Allemagne est debout! vive l'Allemagne!
   [*Il va vers Leni à grands pas mécaniques.*] Merci, ma
   sœur. A présent, laisse-nous.

Leni. Non.

Frantz (*impérieux, criant*). J'ai dit: laisse-nous.

                                    [*Il veut entraîner.*

Johanna. Frantz!   70

Frantz. Eh bien?

Johanna. Je veux savoir la fin de l'histoire.

Frantz. L'histoire n'en a pas: tout le monde est mort, sauf moi.

Leni. Regardez-le. Un jour, en 49, il m'a tout avoué.

Johanna. Avoué? Quoi?

Frantz. Des bobards. Peut-on lui parler sérieusement? Je
   rigolais! [*Un temps.*] Johanna, vous m'avez promis de ne
   croire que moi.

Johanna. Oui.

Frantz. Croyez-moi, Bon Dieu! Croyez-moi donc!   80

Johanna. Je... Vous n'êtes plus le même en sa présence.
   [*Leni rit.*] Donnez-moi l'envie de vous croire! Dites-moi
   qu'elle ment, parlez! Vous n'avez rien fait, n'est-ce
   pas?

Frantz (*c'est presque un grognement*). Rien.

Johanna (*avec violence*). Mais dites-le, il faut que je vous
   entende! Dites: je n'ai rien fait!

Frantz (*d'une voix égarée*). Je n'ai rien fait.

Johanna. (*Elle le regarde avec une sorte de terreur et se met à crier.*) Hé! [*Elle étouffe son cri.*] Je ne vous reconnais plus. 90

Frantz (s'obstinant). Je n'ai rien fait.

Leni. Tu as laissé faire.

Johanna. Qui?

Leni. Heinrich.

Johanna. Les deux prisonniers?...

Leni. Ces deux-là pour commencer.

Johanna. Il y en a eu d'autres?

Leni. C'est le premier pas qui coûte.

Frantz. Je m'expliquerai. Quand je vous vois toutes les deux, je perds la tête. Vous me tuez... Johanna, quand nous 100
serons seuls... Tout est allé si vite... Mais je retrouverai mes raisons, je dirai la vérité entière, Johanna, je vous aime plus que ma vie...

        [*Il la prend par le bras. Elle se dégage en hurlant.*

Johanna. Lâchez-moi!

[*Elle se range à côté de Leni. Frantz reste hébété en face d'elle.*

Leni (à Johanna). L'épreuve est bien mal engagée.

Johanna. Elle est perdue. Gardez-le.

Frantz (égaré). Ecoutez-moi, vous deux...

Johanna (avec une sorte de haine). Vous avez torturé! Vous! 110

Frantz. Johanna! [*Elle le regarde.*] Pas ces yeux! Non. Pas ces yeux-là! [*Un temps.*] Je le savais! [*Il éclate de rire et Il met à quatre pattes.*] A reculons! A reculons! [*Leni crie. se se relève.*] Tu ne m'avais jamais vu en crabe, sœurette? [*Un temps.*] Allez-vous-en, toutes les deux! [*Leni va vers la table et veut ouvrir le tiroir.*] Cinq heures dix. Dites à mon père que je lui donne rendez-vous à six heures dans la Salle des Conseils. Sortez! [*Un long silence. La lumière baisse. Johanna sort la première sans se retourner. Leni hésite un peu et la suit. Frantz s'assied et reprend son* 120
journal.] Cent vingt chantiers: un Empire!

Fin de l'acte IV

ACTE CINQUIÈME

*Même décor qu'au premier acte. Il est sept heures. Le jour baisse.
On ne s'en aperçoit pas d'abord parce que les volets des portes-
fenêtres sont clos et que la pièce est plongée dans la pénombre.
L'horloge sonne sept coups. Au troisième coup, le volet de la
porte-fenêtre de gauche s'ouvre du dehors et la lumière entre.
Le Père pousse la porte-fenêtre, il entre à son tour. Au même
moment, la porte de Frantz s'ouvre, au premier étage, et Frantz
paraît sur le palier. Les deux hommes se regardent un moment.
Frantz porte à la main une petite valise noire et carrée: son
magnétophone.*

V. 1

LE PÈRE, FRANTZ

Frantz (sans bouger). Bonjour, Père.
Le Père (voix naturelle et familière). Bonjour, petit. [*Il chancelle
et se rattrape au dossier d'une chaise.*] Attends: Je vais
donner de la lumière.
[*Il ouvre l'autre porte-fenêtre et pousse l'autre volet. La lumière
verdie du premier acte — vers sa fin — entre dans la pièce.*]
Frantz. (Il a descendu une marche.) Je vous écoute.
Le Père. Je n'ai rien à te dire.
Frantz. Comment? Vous importunez Leni par des suppli-
ques...
Le Père. Mon enfant, je suis dans ce pavillon parce que tu
m'y as convoqué.
Frantz. (Il le regarde avec stupeur puis éclate de rire.) C'est

10

177

ma foi vrai. [*Il descend une marche et s'arrête.*] Belle partie!
Vous avez joué Johanna contre Leni puis Leni contre
Johanna. Mat en trois coups.

Le Père. Qui est mat?

Frantz. Moi, le roi des noirs. Vous n'êtes pas fatigué de gagner?

Le Père. Je suis fatigué de tout, mon fils, sauf de cela: on ne
gagne jamais; j'essaie de sauver la mise.   20

Frantz (*haussant les épaules*). Vous finissez toujours par faire
ce que vous voulez.

Le Père. C'est le plus sûr moyen de perdre.

Frantz (*âprement*). Pour cela, oui! [*Brusque.*] Au fait, que
voulez-vous?

Le Père. En ce moment? Te voir.

Frantz. Me voilà! Rassasiez-vous de ma vue tant que vous le
pouvez encore: je vous réserve des informations choisies.
[*Le Père tousse.*] Ne toussez pas.

Le Père (*avec une sorte d'humilité*). J'essaierai. [*Il tousse encore.*]   30
Ce n'est pas très commode. [*Se maîtrisant.*] Voilà.

Frantz (*regardant son père. Lentement.*) Quelle tristesse! [*Un
temps.*] Souriez donc! C'est fête: père et fils se retrouvent,
on tue le veau gras. [*Brusquement.*] Vous ne serez pas mon
juge.

Le Père. Qui parle de cela?

Frantz. Votre regard. [*Un temps.*] Deux criminels: l'un
condamne l'autre au nom de principes qu'ils ont tous
deux violés; comment appelez-vous cette farce?

Le Père (*tranquille et neutre*). La Justice. [*Un bref silence.*] Tu   40
es un criminel?

Frantz. Oui. Vous aussi. [*Un temps.*] Je vous récuse.

Le Père. Pourquoi donc as-tu voulu me parler?

Frantz. Pour vous informer: j'ai tout perdu, vous perdrez
tout. [*Un temps.*] Jurez sur la Bible que vous ne me
jugerez pas! Jurez ou je rentre à l'instant dans ma chambre.

Le Père. (*Il va jusqu'à la Bible, l'ouvre, étend la main.*) Je le
jure!

Frantz. A la bonne heure! [*Il descend, va jusqu'à la table et*

pose le magnétophone sur celle-ci. Il se retourne. Père et fils 50
sont face à face et de plain-pied.] Où sont les années? Vous
êtes pareil.

Le Père. Non.

Frantz. (*Il s'approche comme fasciné. Avec une insolence
marquée mais défensive.*) Je vous revois sans aucune
émotion. [*Un temps, il lève la main et, d'un geste presque
involontaire, la pose sur le bras de son père.*] Le vieil Hindenburg. Hein, quoi? [*Il se rejette en arrière. Sec et mauvais.*]
J'ai torturé. [*Un silence. Avec violence.*] Vous entendez?

Le Père (*sans changer de visage*). Oui, continue. 60

Frantz. C'est tout. Les partisans nous harcelaient; ils avaient
la complicité du village: j'ai tenté de faire parler les
villageois. [*Un silence. Sec et nerveux.*] Toujours la même
histoire.

Le Père (*lourd et lent mais inexpressif*). Toujours.

[*Un temps. Frantz le regarde avec hauteur.*

Frantz. Vous me jugez, je crois?

Le Père. Non.

Frantz. Tant mieux. Mon cher père, autant vous prévenir:
je suis tortionnaire parce que vous êtes dénonciateur. 70

Le Père. Je n'ai dénoncé personne.

Frantz. Et le rabbin polonais?

Le Père. Pas même lui. J'ai pris des risques…déplaisants.

Frantz. Je ne dis rien d'autre. [*Il revoit le passé.*] Des risques
déplaisants? Moi aussi, j'en ai pris. [*Riant.*] Oh! de très
déplaisants! [*Il rit. Le Père en profite pour tousser.*]
Qu'est-ce qu'il y a?

Le Père. Je ris avec toi.

Frantz. Vous toussez! Arrêtez, nom de Dieu, vous me déchirez
la gorge. 80

Le Père. Excuse-moi.

Frantz. Vous allez mourir?

Le Père. Tu le sais.

Frantz. (*Il va pour s'approcher. Brusque recul.*) Bon débarras!
[*Ses mains tremblent.*] Cela doit faire un mal de chien.

Le Père. Quoi?

Frantz. Cette bon Dieu de toux.

Le Père (agacé). Mais non.

[*La toux reprend puis se calme.*

Frantz. Vos souffrances, je les ressens. [*Le regard fixe.*] J'ai 90
manqué d'imagination.

Le Père. Quand?

Frantz. Là-bas. [*Un long silence. Il s'est détourné du Père, il
regarde vers la porte du fond. Quand il parle, il vit son
passé, au présent, sauf lorsqu'il s'adresse directement au
Père.*] Les supérieurs: en bouillie; le Feldwebel et Klages:
à ma main; les soldats: à mes genoux. Seule consigne;
tenir. Je tiens. Je choisis les vivants et les morts: toi, va
te faire tuer! toi reste ici! [*Un temps. Sur le devant de la
scène, noble et sinistre.*] J'ai le pouvoir suprême. [*Un temps.*] 100
Hein, quoi? [*Il paraît écouter un interlocuteur invisible,
puis se retourne vers son père.*] On me demandait: "Qu'en
feras-tu?"

Le Père. Qui?

Frantz. C'était dans l'air de la nuit. Toutes les nuits. [*Imitant
le chuchotement d'interlocuteurs invisibles.*] Qu'en feras-tu?
Qu'en feras-tu? [*Criant.*] Imbéciles! J'irai jusqu'au bout.
Au bout du pouvoir! [*Au Père, brusquement.*] Savez-vous
pourquoi?

Le Père. Oui. 110

Frantz (un peu décontenancé). Ah?

Le Père. Une fois dans ta vie, tu as connu l'impuissance.

Frantz (criant et riant). Le vieil Hindenburg a toute sa tête:
vive lui! Oui, je l'ai connue. [*Cessant de rire.*] Ici, à cause
de vous! Vous leur avez livré le rabbin, ils se sont mis à
quatre pour me tenir et les autres l'ont égorgé. Qu'est-ce
que je pouvais faire? [*Levant le petit doigt de la main
gauche et le regardant.*] Pas même lever l'auriculaire.
[*Un temps.*] Expérience curieuse, mais je la déconseille
aux futurs chefs: on ne s'en relève pas. Vous m'avez fait 120
Prince, mon père. Et savez-vous ce qui m'a fait Roi?

Le Père. Hitler.

Frantz. Oui. Par la honte. Après cet... incident, le pouvoir est devenu ma vocation. Savez vous aussi que je l'ai admiré?

Le Père. Hitler?

Frantz. Vous me le saviez pas? Oh! je l'ai haï. Avant, après. Mais ce jour-là, il m'a possédé. Deux chefs, il faut que cela s'entretue ou que l'un devienne la femme de l'autre. J'ai été la femme de Hitler. Le rabbin saignait et je découvrais, au cœur de mon impuissance, je ne sais quel 130 assentiment. [*Il revit le passé.*] J'ai le pouvoir suprême. Hitler m'a fait un Autre, implacable et sacré: lui-même. Je suis Hitler et je me surpasserai. [*Un temps. Au Père.*] Plus de vivres; mes soldats rôdaient autour de la grange. [*Revivant le passé.*] Quatre bons Allemands m'écraseront contre le sol et mes hommes à moi saigneront les prisonniers à blanc. Non! Je ne retomberai jamais dans l'abjecte impuissance. Je le jure. Il fait noir. L'horreur est encore enchaînée... je les prendrai de vitesse: si quelqu'un la déchaîne, ce sera moi. Je revendiquerai le mal, je mani- 140 festerai mon pouvoir par la singularité d'un acte inoubliable: changer l'homme en vermine *de son vivant*; je m'occuperai seul des prisonniers, je les précipiterai dans l'abjection: ils parleront. Le pouvoir est un abîme dont je vois le fond; cela ne suffit pas de choisir les morts futurs; par un canif et un briquet, je déciderai du règne humain. [*Égaré.*] Fascinant! Les souverains vont en Enfer, c'est leur gloire: j'irai.

      [*Il demeure halluciné sur le devant de la scène.*

Le Père (tranquillement). Ils ont parlé? 150

Frantz (arraché à ses souvenirs). Hein, quoi? [*Un temps.*] Non. [*Un temps.*] Morts avant.

Le Père. Qui perd gagne.

Frantz. Eh! tout s'apprend: je n'avais pas la main. Pas encore.

Le Père (sourire triste). N'empêche: le règne humain, ce sont eux qui en ont décidé.

Frantz (hurlant). J'aurais fait comme eux! Je serais mort sous

les coups sans dire un mot! [*Il se calme.*] Et puis, je m'en
fous! J'ai gardé mon autorité.

Le Père. Longtemps? 160

Frantz. Dix jours. Au bout de ces dix jours, les chars ennemis
ont attaqué, nous sommes tous morts — même les
prisonniers. [*Riant.*] Pardon! Sauf moi! pas mort! Pas
mort du tout! [*Un temps.*] Rien n'est certain de ce que j'ai
dit — sinon que j'ai torturé.

Le Père. Après? [*Frantz hausse les épaules.*] Tu as marché sur
les routes? Tu t'es caché? Et puis tu es revenu chez nous?

Frantz. Oui. [*Un temps.*] Les ruines me justifiaient: j'aimais
nos maisons saccagées, nos enfants mutilés. J'ai prétendu
que je m'enfermais pour ne pas assister à l'agonie de 170
l'Allemagne; c'est faux. J'ai souhaité la mort de mon pays
et je me séquestrais pour n'être pas témoin de sa résurrection. [*Un temps.*] Jugez-moi!

Le Père. Tu m'as fait jurer sur la Bible...

Frantz. J'ai changé d'avis: finissons-en.

Le Père. Non.

Frantz. Je vous dis que je vous délie de votre serment.

Le Père. Le tortionnaire accepterait le verdict du dénonciateur?

Frantz. Il n'y a pas de Dieu, non? 180

Le Père. Je crains qu'il n'y en ait pas: c'est même parfois bien
embêtant.

Frantz. Alors, dénonciateur ou non, vous êtes mon juge
naturel. [*Un temps. Le Père fait non de la tête.*] Vous ne me
jugerez pas? Pas du tout? Alors, vous avez autre chose en
tête! Ce sera pis! [*Brusquement.*] Vous attendez. Quoi?

Le Père. Rien: tu es là.

Frantz. Vous attendez! Je les connais vos longues, longues
attentes: j'en ai vu en face de vous, des durs, des méchants.
Ils vous injuriaient, vous ne disiez rien, vous attendiez: 190
à la fin les bonshommes se liquéfiaient. [*Un temps.*]
Parlez! Parlez! Dites n'importe quoi. C'est insupportable.

[*Un temps.*

Le Père. Que vas-tu faire?

Frantz. Je remonterai là-haut.

Le Père. Quand redescendras-tu?

Frantz. Plus jamais.

Le Père. Tu ne recevras personne?

Frantz. Je recevrai Leni: pour le service.

Le Père. Et Johanna? 200

Frantz (sec). Fini! [*Un temps.*] Cette fille a manqué de cran...

Le Père. Tu l'aimais?

Frantz. La solitude me pesait. [*Un temps.*] Si elle m'avait accepté comme je suis...

Le Père. Est-ce que tu t'acceptes, toi?

Frantz. Et vous? Vous m'acceptez?

Le Père. Non.

Frantz (profondément atteint). Pas même un père.

Le Père. Pas même. 210

Frantz (d'une voix altérée). Alors? Qu'est-ce que nous foutons ensemble? [*Le Père ne répond pas. Avec une angoisse profonde.*] Ah, je n'aurais pas dû vous revoir! Je m'en doutais! Je m'en doutais.

Le Père. De quoi?

Frantz. De ce qui m'arriverait.

Le Père. Il ne t'arrive rien.

Frantz. Pas encore. Mais vous êtes là et moi ici: comme dans mes rêves. Et, comme dans mes rêves, vous attendez. [*Un temps.*] Très bien. Moi aussi, je peux attendre. 220 [*Désignant la porte de sa chambre.*] Entre vous et moi, je mettrai cette porte. Six mois de patience. [*Un doigt vers la tête du père.*] Dans six mois ce crâne sera vide, ces yeux ne verront plus, les vers boufferont ces lèvres et le mépris qui les gonfle.

Le Père. Je ne te méprise pas.

Frantz (ironique). En vérité! Après ce que je vous ai appris?

Le Père. Tu ne m'as rien appris du tout.

Frantz (stupéfait). Plaît-il?

Le Père. Tes histoires de Smolensk, je les connais depuis trois 230
ans.

Frantz (violent). Impossible! Morts! Pas de témoin. Morts et
enterrés. Tous.

Le Père. Sauf deux que les Russes ont libérés. Ils sont venus
me voir. C'était en mars 56. Ferist et Scheidemann:
tu te les rappelles?

Frantz (décontenancé). Non. [*Un temps.*] Qu'est-ce qu'ils
voulaient?

Le Père. De l'argent contre du silence.

Frantz. Alors? 240

Le Père. Je ne sais pas chanter.

Frantz. Ils sont...

Le Père. Muets. Tu les avais oubliés: continue.

Frantz (le regard dans le vide). Trois ans?

Le Père. Trois ans. J'ai notifié presque aussitôt ton décès, et,
l'année suivante, j'ai rappelé Werner: c'était plus prudent.

Frantz. (*Il n'a pas écouté.*) Trois ans! Je tenais des discours
aux Crabes, je leur mentais! Et pendant trois ans, ici,
j'étais à découvert. [*Brusquement.*] C'est depuis ce moment,
n'est-ce pas, que vous cherchez à me voir? 250

Le Père. Oui.

Frantz. Pourquoi?

Le Père (haussant les épaules). Comme cela!

Frantz. Ils étaient assis dans votre bureau, vous les écoutiez
parce qu'ils m'avaient connu et puis — à un moment
donné — l'un des deux vous a dit: "Frantz von Gerlach
est un bourreau." Coup de théâtre! [*Essayant de plaisanter.*]
Cela vous a bien surpris, j'espère?

Le Père. Non. Pas beaucoup.

Frantz (criant). J'étais propre, quand je vous ai quitté! 260
J'étais pur, j'avais voulu sauver le Polonais... Pas surpris?
[*Un temps.*] Qu'avez-vous pensé? Vous ne saviez rien
encore et, tout d'un coup, vous avez su! [*Criant plus fort.*]
Qu'avez-vous pensé, nom de Dieu!

Le Père (tendresse profonde et sombre). Mon pauvre petit!

Frantz. Quoi?

Le Père. Tu me demandes ce que j'ai pensé! Je te le dis. [*Un temps. Frantz se redresse de toute sa taille puis s'abat en sanglotant sur l'épaule de son père.*] Mon pauvre petit! [*Il lui caresse gauchement la nuque.*] Mon pauvre petit!   270
[*Un temps.*

Frantz (*se redressant brusquement*). Halte! [*Un temps.*] Effet de surprise. Seize ans que je n'avais pleuré: je recommencerai dans seize ans. Ne me plaignez pas, cela me donne envie de mordre. [*Un temps.*] Je ne m'aime pas beaucoup.

Le Père. Pourquoi t'aimerais-tu?

Frantz. En effet.

Le Père. C'est moi que cela regarde.

Frantz. Vous m'aimez, vous? Vous aimez le boucher de 280 Smolensk?

Le Père. Le boucher de Smolensk, c'est toi.

Frantz. Bon, bon, ne vous gênez pas. [*Rire volontairement vulgaire.*] Tous les goûts sont dans la nature. [*Brusquement.*] Vous me travaillez! Quand vous montrez vos sentiments, c'est qu'ils peuvent servir vos projets. Je vous dis que vous me travaillez: des coups de boutoir et puis on s'attendrit; quand vous me jugerez à point... Allons! Vous n'avez eu que trop de temps pour ruminer cette affaire et vous êtes trop impérieux pour 290 n'avoir pas envie de la régler à votre façon.

Le Père (*ironie sombre*). Impérieux! Cela m'a bien passé. [*Un temps. Il rit pour lui seul, égayé mais sinistre. Puis il se retourne sur Frantz. Avec une grande douceur, implacable.*] Mais pour cette affaire, oui: je la réglerai.

Frantz (*bondissant en arrière*). Je vous en empêcherai: est-ce que cela vous regarde?

Le Père. Je veux que tu ne souffres plus.

Frantz (*dur et brutal comme s'il accusait une autre personne*). Je ne souffre pas: j'ai fait souffrir. Peut-être saisirez-vous 300 la nuance?

Le Père. Je la saisis.

Frantz. J'ai tout oublié. Jusqu'à leurs cris. Je suis vide.

Le Père. Je m'en doute. C'est encore plus dur, non?

Frantz. Pourquoi voulez-vous?

Le Père. Tu es possédé depuis quatorze ans par une souffrance que tu as fait naître et que tu ne ressens pas.

Frantz. Mais qui vous demande de parler de moi? Oui. C'est encore plus dur: je suis son cheval, elle me chevauche. Je ne vous souhaite pas ce cavalier-là. [*Brusquement.*] Alors? Quelle solution? [*Il regarde son père, les yeux écarquillés.*] Allez au diable!

       [*Il lui tourne le dos et remonte l'escalier péniblement.*

Le Père. (*Il n'a pas fait un geste pour le retenir. Mais quand Frantz est sur le palier du premier étage, il parle d'une voix forte.*) L'Allemagne est dans la chambre! [*Frantz se retourne lentement.*] Elle vit, Frantz! Tu ne l'oublieras plus.

Frantz. Elle vivote, je le sais, malgré sa défaite. Je m'en arrangerai.

Le Père. A cause de sa défaite, c'est la plus grande puissance de l'Europe. T'en arrangeras-tu? [*Un temps.*] Nous sommes la pomme de discorde et l'enjeu. On nous gâte; tous les marchés nous sont ouverts, nos machines tournent: c'est une forge. Défaite providentielle, Frantz: nous avons du beurre et des canons. Des soldats, mon fils! Demain la bombe! Alors nous secouerons la crinière et tu les verras sauter comme des puces, nos tuteurs.

Frantz (*dernière défense*). Nous dominons l'Europe et nous sommes battus! Qu'aurions-nous fait vainqueurs?

Le Père. Nous ne pouvions pas vaincre.

Frantz. Cette guerre, il fallait donc la perdre?

Le Père. Il fallait la jouer à qui perd gagne: comme toujours.

Frantz. C'est ce que vous avez fait?

Le Père. Oui: depuis le début des hostilités.

Frantz. Et ceux qui aimaient assez le pays pour sacrifier leur honneur militaire à la victoire...

Le Père (*calme et dur*). Ils risquaient de prolonger le massacre et de nuire à la reconstruction. [*Un temps.*] La vérité, c'est qu'ils n'ont rien fait du tout, sauf des meurtres individuels. 340

Frantz. Beau sujet de méditation : voilà de quoi m'occuper dans ma chambre.

Le Père. Tu n'y resteras plus un instant.

Frantz. C'est ce qui vous trompe : je nierai ce pays qui me renie.

Le Père. Tu l'as tenté treize ans sans grand succès. A présent, tu sais tout : comment pourrais-tu te reprendre à tes comédies ?

Frantz. Et comment pourrais-je m'en déprendre ? Il faut que l'Allemagne crève ou que je sois un criminel de droit commun. 350

Le Père. Exact.

Frantz. Alors ? [*Il regarde le Père, brusquement.*] Je ne veux pas mourir.

Le Père (*tranquillement*). Pourquoi pas ?

Frantz. C'est bien à vous de le demander. Vous avez écrit votre nom.

Le Père. Si tu savais comme je m'en fous !

Frantz. Vous mentez, Père : vous vouliez faire des bateaux et vous les avez faits.

Le Père. Je les faisais pour toi. 360

Frantz. Tiens ! Je croyais que vous m'aviez fait pour eux. De toute façon, ils sont là. Mort, vous serez une flotte. Et moi ? Qu'est-ce que je laisserai ?

Le Père. Rien.

Frantz (*avec égarement*). Voilà pourquoi je vivrai cent ans. Je n'ai que ma vie, moi. [*Hagard.*] Je n'ai qu'elle ! On ne me la prendra pas. Croyez que je la déteste, mais je la préfère à *rien*.

Le Père. Ta vie, ta mort, de toute façon, c'est *rien*. Tu n'es rien, tu ne fais rien, tu n'as rien fait, tu ne peux rien faire. 370 [*Un long temps. Le Père s'approche lentement de l'escalier. Il se place contre la lampe au-dessous de Frantz et lui parle en levant la tête.*] Je te demande pardon.

Frantz (raidi par la peur). A moi, vous? C'est une combine!
[*Le Père attend. Brusquement.*] Pardon de quoi?

Le Père. De toi. [*Un temps. Avec un sourire.*] Les parents sont
des cons: ils arrêtent le soleil. Je croyais que le monde ne
changerait plus. Il a changé. Te rappelles-tu cet avenir
que je t'avais donné?

Frantz. Oui. 380

Le Père. Je t'en parlais sans cesse et, toi, tu le voyais. [*Frantz
fait un signe d'assentiment.*] Eh bien, ce n'était que mon
passé.

Frantz. Oui.

Le Père. Tu le savais?

Frantz. Je l'ai toujours su. Au début, cela me plaisait.

Le Père. Mon pauvre petit! Je voulais que tu mènes l'Entreprise après moi. C'est elle qui mène. Elle choisit ses
hommes. Moi, elle m'a éliminé: je possède mais je ne
commande plus. Et toi, petit prince, elle t'a refusé du 390
premier instant: qu'a-t-elle besoin d'un prince? Elle
forme et recrute elle-même ses gérants. [*Frantz descend
les marches lentement pendant que le Père parle.*] Je
t'avais donné tous les mérites et mon âpre goût du
pouvoir, cela n'a pas servi. Quel dommage! Pour agir, tu
prenais les plus gros risques et, tu vois, elle transformait
en gestes tous tes actes. Ton tourment a fini par te pousser
au crime et jusque dans le crime elle t'annule: elle s'en-
graisse de ta défaite. Je n'aime pas les remords, Frantz,
cela ne sert pas. Si je pouvais croire que tu sois efficace 400
ailleurs et autrement… Mais je t'ai fait monarque;
aujourd'hui cela veut dire: propre à rien.

Frantz (avec un sourire). J'étais voué?

Le Père. Oui.

Frantz. A l'impuissance?

Le Père. Oui.

Frantz. Au crime?

Le Père. Oui.

Frantz. Par vous?

Le Père. Par mes passions, que j'ai mises en toi. Dis à ton 410
tribunal de Crabes que je suis seul coupable — et de tout.

Frantz (même sourire). Voilà ce que je voulais vous entendre
dire. [*Il descend les dernières marches et se trouve de plain-
pied avec le Père.*] Alors j'accepte.

Le Père. Quoi?

Frantz. Ce que vous attendez de moi. [*Un temps.*] Une seule
condition, tous les deux, tout de suite.

Le Père (brusquement décontenancé). Tout de suite?

Frantz. Oui.

Le Père (voix enrouée). Tu veux dire aujourd'hui? 420

Frantz. Je veux dire: à l'instant. [*Un silence.*] C'est ce que
vous vouliez?

Le Père. (Il tousse.) Pas... si tôt.

Frantz. Pourquoi pas?

Le Père. Je viens de te retrouver.

Frantz. Vous n'avez retrouvé *personne*. Même pas vous. [*Il
est calme et simple, pour la première fois, mais parfaitement
désespéré.*] Je n'aurai rien été qu'une de vos images. Les
autres sont restées dans votre tête. Le malheur a voulu
que celle-ci se soit incarnée. A Smolensk, une nuit, elle 430
a eu... quoi? Une minute d'indépendance. Et voilà: vous
êtes coupable de tout sauf de cela. [*Un temps.*] J'ai vécu
treize ans avec un revolver chargé dans mon tiroir. Savez-
vous pourquoi je ne me suis pas tué? Je me disais: ce qui
est fait restera fait. [*Un temps. Profondément sincère.*]
Cela n'arrange rien de mourir: cela ne m'arrange pas.
J'aurais voulu... vous allez rire: j'aurais voulu n'être
jamais né. Je ne mentais pas toujours, là-haut. Le soir,
je me promenais à travers la chambre et je pensais à
vous. 440

Le Père. J'étais ici, dans ce fauteuil. Tu marchais: je t'écoutais.

Frantz (indifférent et neutre). Ah! [*Enchaînant.*] Je pensais:
s'il trouvait moyen de la rattraper, cette image rebelle,
de la reprendre en moi, de l'y résorber, il n'y aurait
jamais eu que lui.

Le Père. Frantz, il n'y a jamais eu que moi.

Frantz. C'est vite dit: prouvez-le. [*Un temps.*] Tant que nous vivrons, nous serons deux. [*Un temps.*] La Mercédès avait six places mais vous n'emmeniez que moi. Vous disiez: "Frantz, il faut t'aguerrir, nous ferons de la vitesse." J'avais huit ans; nous prenions cette route au bord de l'Elbe... Il existe toujours, le Teufelsbrücke? 450

Le Père. Toujours.

Frantz. Passe dangereuse: il y avait des morts chaque année.

Le Père. Il y en a chaque année davantage.

Frantz. Vous disiez: " Nous y sommes " en appuyant sur l'accélérateur. J'étais fou de peur et de joie.

Le Père (*souriant légèrement*). Une fois, nous avons failli capoter.

Frantz. Deux fois. Les autos vont plus vite, aujourd'hui? 460

Le Père. La Porsche de ta sœur fait du 180.

Frantz. Prenons-là.

Le Père. Si tôt!...

Frantz. Qu'espérez-vous?

Le Père. Un répit.

Frantz. Vous l'avez. [*Un temps.*] Vous savez bien qu'il ne durera pas. [*Un temps.*] Je ne passe pas d'heure sans vous haïr.

Le Père. En ce moment?

Frantz. En ce moment, non. [*Un temps.*] Votre image se 470 pulvérisera avec toutes celles qui ne sont jamais sorties de votre tête. Vous aurez été ma cause et mon destin jusqu'au bout.

[*Un temps.*

Le Père. Bien. [*Un temps.*] Je t'ai fait, je te déferai. Ma mort enveloppera la tienne et, finalement, je serai seul à mourir. [*Un temps.*] Attends. Pour moi non plus, je ne pensais pas que tout irait si vite. [*Avec un sourire qui cache mal son angoisse.*] C'est drôle, une vie qui éclate sous un ciel vide. Ça... ça ne veut rien dire. [*Un temps.*] Je n'aurai pas de 480 juge. [*Un temps.*] Tu sais, moi non plus, je ne m'aimais pas.

Frantz (*posant la main sur le bras du Père*). Cela me regardait.
Le Père (*même jeu*). Enfin, voilà. Je suis l'ombre d'un nuage;
   une averse et le soleil éclairera la place où j'ai vécu. Je
   m'en fous: qui gagne perd. L'Entreprise qui nous écrase,
   je l'ai faite. Il n'y a rien à regretter. [*Un temps.*] Frantz,
   veux-tu faire un peu de vitesse? Cela t'aguerrira.
Frantz. Nous prenons la Porsche?
Le Père. Bien sûr. Je vais la sortir du garage. Attends-moi.
Frantz. Vous ferez le signal?   490
Le Père. Les phares? Oui. [*Un temps.*] Leni et Johanna sont
   sur la terrasse. Dis-leur adieu.
Frantz. Je... Soit... Appelez-les.
Le Père. A tout à l'heure, mon petit.

                                                      [*Il sort.*

V. 2

FRANTZ *seul, puis* LENI *et* JOHANNA

[*On entend le Père crier à la cantonade.*]

Le Père (*à la cantonade*). Johanna! Leni!
[*Frantz s'approche de la cheminée et regarde sa photo. Brusque-
ment, il arrache le crêpe et le jette sur le sol.*]
Leni (*qui vient d'apparaître sur le seuil*). Qu'est-ce que tu fais?
Frantz (*riant*). Je suis vivant, non?
[*Johanna entre à son tour. Il revient sur le devant de la scène.*
Leni. Tu es en civil, mon lieutenant?
Frantz. Le père va me conduire à Hambourg et je m'em-
   barquerai demain. Vous ne me verrez plus. Vous avez
   gagné, Johanna: Werner est libre. Libre comme l'air.   10
   Bonne chance. [*Il est au bord de la table. Touchant le
   magnétophone de l'index.*] Je vous fais cadeau du magnétophone. Avec mon meilleur enregistrement: le 17 décembre
   53. J'étais inspiré. Vous l'écouterez plus tard: un jour

que vous voudrez connaître l'argument de la Défense, ou tout simplement, vous rappeler ma voix. L'acceptez-vous ?

Johanna. Je l'accepte.

Frantz. Adieu.

Johanna. Adieu. 20

Frantz. Adieu, Leni. [*Il lui caresse les cheveux comme le Père.*] Tes cheveux sont doux.

Leni. Quelle voiture prenez-vous ?

Frantz. La tienne.

Leni. Et par où passerez-vous ?

Frantz. Par l'Elbe-Chaussée.

[*Deux phares d'auto s'allument au dehors; leur lumière éclaire la pièce à travers la porte-fenêtre.*]

Leni. Je vois. Le père te fait signe. Adieu.

[*Frantz sort. Bruit d'auto. Le bruit s'enfle et décroît. Les* 30 *lumières ont balayé l'autre porte-fenêtre et ont disparu. La voiture est partie.*]

V. 3

JOHANNA, LENI

Leni. Quelle heure est-il ?

Johanna (*plus proche de l'horloge*). Six heures trente-deux.

Leni. A six heures trente-neuf ma Porsche sera dans l'eau. Adieu !

Johanna (*saisie*). Pourquoi ?

Leni. Parce que le Teufelsbrücke est à sept minutes d'ici.

Johanna. Ils vont...

Leni. Oui.

Johanna (*dure et crispée*). Vous l'avez tué !

Leni (*aussi dure*). Et vous ? [*Un temps.*] Qu'est-ce que cela 10 peut faire : il ne voulait pas vivre.

Johanna (*qui se tient toujours, prête à craquer*). Sept minutes.

Leni. (Elle se rapproche de l'horloge.) Six à présent. Non.
  Cinq et demie.
Johanna. Est-ce qu'on ne peut pas...
Leni (toujours dure). Les rattraper? Essayez. [*Un silence.*]
  Qu'allez-vous faire à présent?
Johanna (essayant de se durcir). Werner en décidera. Et vous?
Leni (désignant la chambre de Frantz). Il faut un séquestré,
  là-haut. Ce sera moi. Je ne vous reverrai plus, Johanna.   20
  [*Un temps.*] Ayez la bonté de dire à Hilde qu'elle frappe à
  cette porte demain matin, je lui donnerai mes ordres.
  [*Un temps.*] Deux minutes encore. [*Un temps.*] Je ne vous
  détestais pas. [*Elle s'approche du magnétophone.*] L'argu-
  ment de la Défense.   [*Elle l'ouvre.*
Johanna. Je ne veux pas...
Leni. Sept minutes! Laissez donc: ils sont morts.
[*Elle appuie sur le bouton du magnétophone immédiatement après
ses derniers mots. La voix de Frantz retentit presque aussitôt.
Leni traverse la pièce pendant que Frantz parle. Elle monte*   30
l'escalier et entre dans la chambre.]
Voix de Frantz (au magnétophone). Siècles, voici mon siècle,
  solitaire et difforme, l'accusé. Mon client s'éventre de ses
  propres mains; ce que vous prenez pour une lymphe
  blanche, c'est du sang: pas de globules rouges, l'accusé
  meurt de faim. Mais je vous dirai le secret de cette perfo-
  ration multiple: le siècle eût été bon si l'homme n'eût
  été guetté par son ennemi cruel, immémorial, par l'espèce
  carnassière qui avait juré sa perte, par la bête sans poil et
  maligne, par l'homme. Un et un font un, voilà notre   40
  mystère. La bête se cachait, nous surprenions son regard,
  tout à coup, dans les yeux intimes de nos prochains; alors
  nous frappions: légitime défense préventive. J'ai surpris
  la bête, j'ai frappé, un homme est tombé, dans ses yeux
  mourants j'ai vu la bête, toujours vivante, moi. Un et un
  font un: quel malentendu! De qui, de quoi, ce goût rance
  et fade dans ma gorge? De l'homme? De la bête? De moi-
  même? C'est ce goût du siècle. Siècles heureux, vous

ignorez nos haines, comment comprendriez-vous l'atroce
pouvoir de nos mortelles amours. L'amour, la haine, un   50
et un... Acquittez-nous! Mon client fut le premier à
connaître la honte: il sait qu'il est nu. Beaux enfants,
vous sortez de nous, nos douleurs vous auront faits. Ce
siècle est une femme, il accouche, condamnerez-vous
votre mère? Hé? Répondez donc! [*Un temps.*] Le
trentième ne répond plus. Peut-être n'y aura-t-il plus de
siècles après le nôtre. Peut-être qu'une bombe aura
soufflé les lumières. Tout sera mort: les yeux, les juges, le
temps. Nuit. O tribunal de la nuit, toi qui fus, qui seras,
qui es, j'ai été! J'ai été! Moi, Frantz, von Gerlach, ici,   60
dans cette chambre, j'ai pris le siècle sur mes épaules et j'ai
dit: j'en répondrai. En ce jour et pour toujours. Hein
quoi?

[*Leni est entrée dans la chambre de Frantz. Werner paraît à la
porte du pavillon. Johanna le voit et se dirige vers lui.
Visages inexpressifs. Ils sortent sans se parler. A partir de
"Répondez donc," la scène est vide.*]

Rideau   70

NOTES

Words and phrases found in Harrap's *Shorter French Dictionary* are not explained in the notes.

INTRODUCTION (*page* 9).

(1). Cf. Francis Jeanson. *Sartre par lui-même*. Éditions du Seuil 1956, p. 189. I am indebted to Monsieur Jeanson's study, to the first volume of Sartre's autobiography, *Les Mots* (Gallimard 1964) and to the three volumes of Simone de Beauvoir's autobiography, *Mémoires d'une jeune fille rangée, La Force de l'Age, La Force des Choses* (Gallimard 1959, 1961 and 1963 respectively), for most of the biographical information contained in this Introduction. On pp. 492–3 of *La Force de l'Age*, Simone de Beauvoir explains that Sartre's prisoner of war camp, Stalag XII D, contained a number of civilians taken prisoner by accident, and who were released by the Germans if they could prove, by showing their *livret militaire*, that they had not served in the army. Like a number of his colleagues, Sartre forged an entry in his own *livret* and was released.

(2). Cf. *L'Existentialisme est un Humanisme*, Nagel 1946, p. 94.

(3). See Bibliography on p. 219 for details of Sartre's other works.

(4). Cf. An interview in *Opéra* 7.2.51.

(5). Cf. Maurice Cranston. *Sartre*, Oliver & Boyd 1962, p.110.

(6). The film was entitled *The Damned of Altona* and starred Maximilien Schell as Frantz, Sophia Loren as Johanna and Frederic March as the father. It was directed by Carlo Ponti and differed so much from the original play that the credit titles described it as 'inspired by' a work by Jean-Paul Sartre. The most important difference lay in the treatment of the character of Johanna, for whereas Sartre's text shows her as completely a-political, Miss Loren played the part of an extremely articulate actress with strong left-wing views. The father's motivation was narrowed down to a desire to bring Frantz down from his room and persuade him to take over the family business, and he was also given a long speech in which he tried to justify Frantz's tortures by reference to the behaviour of the French government in Algeria. Frantz's garret was rather large, and was decorated with his own drawings of men being tortured, so that it was rather surprising that

Johanna should not have guessed the truth earlier. His discovery of the prosperity of Germany took the form of a very effective scene in which he walked through Hamburg at night and looked at all the food in the shop windows.

(7). Cf. Simone de Beauvoir, *La Force de l'Age*, pp. 216–7 and p. 228. In 1935, Sartre decided to find out what effect mescaline would have on his perception of the external world. A doctor agreed to give him a dose, and Sartre immediately fell victim to the most terrifying hallucinations, in which he was attacked by an octopus and haunted by crabs. For some time afterwards, he was convinced that a lobster was following him wherever he went, and unpleasant images connected with shell-fish are particularly marked in his first novel, *La Nausée*, in 1938. The doctors whom Sartre consulted argued that the particular form which these hallucinations took could in no way be attributed to mescaline, and Sartre himself told Kenneth Tynan that his detestation of sea-food went right back to his childhood. (Cf. *The Observer* 18.6.61 and *Afrique Action* 18.7.61).

(8). This argument is not actually produced by Frantz until the very last act, but he then states it quite clearly when he confesses: "J'aimais nos maisons saccagées, nos enfants mutilés. J'ai prétendu que je m'enfermais pour ne pas assister à l'agonie de l'Allemagne; c'est faux. J'ai souhaité la mort de mon pays et je me séquestrais pour n'être pas témoin de sa résurrection". (Cf. Act V, scene 1, p. 182.)

(9). Cf. pp. 101-2 Although in Act II he is called Hermann in the stage directions, it is clearly the same person as Heinrich in Act IV, since on p. 102 Frantz calls him Heinrich.

(10). These ideas are expressed both in the long philosophical work *L'Être et le Néant* (1943) and, by implication, in the short story entitled *L'Enfance d'un chef* which was published in the collection *Le Mur* in 1939. They also recur in the essay on Baudelaire in 1946, and in Sartre's study of anti-semitism, *Réflexions sur la question juive* published in the same year. There is, however, an interesting difference in the way they are presented. In *L'Être et le Néant*—as in *Les Séquestrés d'Altona* —there is no moral judgment on people who act like this. In his short stories and political essays, however, Sartre generally presents such actions as typical of people whose political attitudes he dislikes. Thus, in *L'Enfance d'un chef* and *Réflexions sur la question juive*, he gives the impression that it is typical of right-wing modes of thought to make such attempts to escape from the reality of the human condition.

(11). *La Question* was published in France by the Éditions de Minuit in 1958, and Sartre's preface, *Une Victoire*, also appeared separately both in *L'Express* and as a pamphlet. Later, both Alleg's book and Sartre's pamphlet were seized by the police, but only after 80,000 copies had been sold. The English edition was translated and published by John Calder in 1958, and Sartre's preface reprinted in *Situations V*, 1964.

(12). Thus, an anonymous critic in *L'Express* wrote that: 'Tout est parfaitement transposable et valable pour la France, tout s'y retrouve, même la guerre d'Algérie' (17.9.59). Similarly, the right-wing paper *Rivarol* headed its review with the remark: 'Sartre habille en SS son ennemi personnel: L'Affreux "para"'. (French paratroops were often given the task of combatting FLN terrorism, and were very frequently accused of using torture.)

(13). I am indebted to Monsieur Lucien Goldmann for having first suggested to me, in a private conversation, that *Les Séquestrés d'Altona* could also be seen as an allegory of the recent history of the Soviet Union and of the French Communist party.

(14). Cf. the review printed in *L'Humanité* (26.9.59) and reproduced in part in the section 'Some French Opinions of *Les Séquestrés d'Altona*'.

(15). Cf. *La Critique de la raison dialectique*, Gallimard 1960, p. 208.

(16). Cf. 'Gide vivant'. *Les Temps Modernes*, March 1951, pp. 1537–41, and *Situations IV*. pp. 85-9.

(17). Cf. *L'Express* 10.9.59.

(18). Cf. *Saint Genet Comédien et martyr*, Gallimard 1952, p. 177.

(19). Cf. *L'Express* 17.9.59.

(20). For Sartre's opinion on Frantz see notes to Act I, scene 1, *line* 142.

ACT I, SCENE 1 (*page* 39).

The detailed description of the setting is clearly intended to emphasise the fact that this is a play about a German family of a particular social class. As a matter of fact, however, when the play was produced in Germany, two important changes were made: the name Altona was omitted from the title, since it is in reality an industrial suburb where no rich ship-owner would ever live; and, secondly, the old-fashioned atmosphere of the Paris production gave way to a much more modern setting. This was because, it was thought, no German audience would accept Sartre's depiction of a successful German businessman as still

living in a nineteenth-century atmosphere. Similarly, the actor playing
the part of the father looked rather like one of the elegant and up-to-
date capitalists of the American cinema, whereas Fernand Ledoux, in
the Paris production, looked like 'a monument of the past'. (Cf.
L'Express, 5.5.60.) When the curtain went up on the Paris production,
Leni was sitting on the bottom step of the stair, as if to prevent anyone
from going up to the landing and trying to enter Frantz's room.

line 12. *Hindenberg*. A famous German soldier, and second president
of the German Reich. He lived from 1847 to 1934, and typified the
rule of the old German aristocratic and military families who dominated
late nineteenth and early twentieth-century Germany. Leni's frivolous
way of referring to her father emphasises the way in which he represents
a vanished civilisation.

line 43. *Je déteste les victimes*. Leni often seems to reflect Sartre's
own attitude. This idea occurs in a number of his works, and forms
part of his hostility towards any acceptance of unjust authority.

line 55. *crever*. The use of the vulgar and popular word for 'to die'
underlines Leni's deliberate attempt to appear indifferent to the
father's approaching death. In fact, as Johanna sees, Leni is horrified
at what is going to happen to him.

line 82. *Les glaces, je vous les laisse*. Presumably because Johanna has
often been looking at herself in the looking-glass in order to try to see
her beauty. In *Huis clos* (1944), Estelle, who has been a very beautiful
woman, is horrified to discover that there are no looking-glasses in
hell, and that she is therefore completely dependent upon what other
people think about her.

line 142. *Nous allons au temple*. *Temple* always means a Protestant
church. The fact that Frantz has been brought up as a Protestant, with
the Protestant insistence on personal responsibility, is a most important
factor in his development. The father recognises this when he says, in
Act I, scene 2, *line* 826, that the Germans are all 'victims of Luther',
who drove them 'mad with pride', and Sartre himself said, in an
interview in *Paris Journal* on September 12th 1959 that 'Cette famille
est protestante… Et ce que le fils a fait à la guerre ne cadre pas avec sa
conscience luthérienne.'

Sartre seems to share something of the father's dislike of this aspect
of Frantz's character, for he said of Frantz, in an interview in *Les
Lettres Françaises* on September 17th 1959: 'Il se révoltait contre les
camps de concentration, mais pour une mauvaise raison: parce qu'il

croyait à la 'dignité humaine'. Or en fait, la dignité humaine est une notion abstraite facile à oublier.' For Sartre, a genuinely moral attitude can presumably be based only upon a more concrete idea, though he never states what this might be. He looks upon 'human dignity' as an empty, 'bourgeois' notion, that does not correspond to the way in which people in fact behave in a capitalist civilisation, where they are always dominated by selfish considerations. For Sartre, Frantz did not see the *system* as wrong: he merely wanted to be freed of his own feeling of personal guilt, and thought he could achieve this by his own individual actions.

Sartre's attitude to the characters in this play seems, from this interview, to be one of contempt, for he concludes by saying: 'Ces gens-là ne peuvent se renouveler. C'est la déconfiture [complete collapse], le crépuscule des dieux.' Frantz, he argues, becomes tragic only because the tragedy of his victims is reflected back on to him, in the same way as his father, who 'would normally be a comical bourgeois' becomes tragic because of Frantz. It is possible, however, not wholly to share Sartre's opinion of his characters, and to interpret his remarks about them as an example of a very frequent phenomenon: that of an author who, writing with certain philosophical and political preoccupations in mind, does not wholly recognise the nature of his own literary creation.

ACT I, SCENE 2 (*page* 44).

Werner's reactions continue to show the love which he has for his father, and which, unlike Leni, he fully acknowledges.

line 18. *Vous allez...* 'To kill yourself' is to be understood. The father's reply confirms the correctness of her guess.

line 20. *cellules*, the cells whose excessive growth is causing his cancer.

line 66. *Je sens qu'il me vaut*, 'that he is as good as I am.'

line 82. *si tu veux commander, prends toi pour un autre*. An instance of Sartre's obsession with play acting, of which perhaps the most famous example is in *L'Être et le Néant* (pp. 98–9) where he describes a café waiter who *plays at* being a café waiter. Since, in Sartre's view, we can never wholly coincide with our being, we are always more or less playing a part. Werner, his father suggests, will best be able to *be* a captain of industry if he looks upon himself as merely playing the part, and forgets his hesitations and own reality. These remarks can also be read in the context of the ideas on fatherhood which Sartre puts forward in *Les Mots*, where he states that: 'Le plus autoritaire commande au nom d'un autre, d'un parasite sacré—son père—, transmet les abstraites violences qu'il subit' (p. 13). Similarly, in a reference to Freud's theory of the origin of moral conscience and sense of responsibility, Sartre attributes his own 'incroyable légèreté' (p. 13) to the fact that his father died before he had time to inflict a super-ego on his son. The implication of von Gerlach's remarks is that if Werner can imitate him and take over his sense of authority, he will become capable of giving orders because all he will need to do is allow his super-ego, his father-image, to take control. However, as Sartre makes clear, von Gerlach has never been interested in Werner, and has instead concentrated all his attention on Frantz, giving him his own 'âpre goût du pouvoir' and making him a 'machine à commander' (p. 188 and p. 157) while completely neglecting his younger son.

The extent to which the relationship between Frantz and his father reflects the view of fatherhood expressed in *Les Mots* can be seen even more clearly in the last act of the play. In *Les Mots* (p. 11), Sartre writes: 'Eût-il vécu, mon père se fût couché sur moi de tout son long et m'eût écrasé. Par chance, il est mort en bas âge; au milieu des Enées qui portent sur le dos leurs Anchises, je passe d'une rive à l'autre, seul et détestant ces géniteurs invisibles à cheval sur leurs fils pour toute la vie', and, on p. 188 of *Les Séquestrés d'Altona*, von Gerlach confesses to Frantz that he has made him the slave of the ambitions he had nourished for him. However, Sartre by no means accepts the determinism that might perhaps be implied by the neo-Freudian flavour of these views, and takes care to point out that when Frantz did torture the partisans, it was during 'une minute d'indépendance' (p. 189) during which he was not under the control of his father fixation.

It is perhaps interesting to note, in view of the care that Sartre obviously devoted to the father-son relationships in *Les Séquestrés d'Altona*, that he disclaims all interest in any family ties other than those uniting brother and sister. Thus he writes on p. 41 of *Les Mots* 'J'avais une sœur aînée, ma mère, et je souhaitais une sœur cadette. Aujourd'hui encore—1963—c'est bien le seul lien de parenté qui m'émeuve', and adds in a footnote that the incestuous or semi-incestuous couple is a pattern that recurs in his books. Fatherhood, however, obviously preoccupies him, and one can also see the relationship between Hoederer and **Hugo** in *Les Mains Sales* as coming close to that of father and son.

This scene is also an illustration of the point mentioned in the Introduction, that the von Gerlach family represents what happens to the owners of large industrial enterprises during the Managerial Revolution. Gelber, who owns nothing, takes all the decisions. The father, who owns the shipyards, does nothing but sign the letters.

line 203. un amour sans espoir. The father loves Frantz without the hope of having his love returned; Werner loves his father in the same way.

line 239. Patrons de paille. An expression formed from the term *homme de paille*, 'straw man', or 'figure head'. Werner will look like the head of the firm, but will have no real power.

line 304. Je lui mentirais... Exactly what Leni is doing with Frantz. Werner's ironical comment about blind people talking about colours shows that he does not know very much about his brother and sister,

line 335. voyage éclair, 'lightning trip.' As we discover in Act V, scene 1, this need to produce Frantz's death certificate in 1956 was caused by the attempt of two of Frantz's former soldiers to blackmail the father by threatening to reveal what Frantz had done.

line 373. ce pavillon, 'this wing of the building.'

line 398. on apprendra la mort de mon frère par le nez, that is to say, by the smell made by his body.

line 409. Prescription, a legal term meaning 'limitation'. After a certain date, crimes committed during a particular period cease to be punishable in law. Johanna tries to appeal to Werner to consider, as a lawyer, the dangers to which they are exposing themselves by being the accomplices of what could be regarded as the crime of sequestration.

The next two pages are important for the light which they throw on the difference which separates Werner from his sister, father and wife. (Cf. Introduction, p. 32.) The way in which Werner, in *lines 557-70* finally agreed to swear if it will make his father less unhappy, gives force to what Sartre is reported as saying in *Le Figaro littéraire* of September 11th 1959: 'Toute la pièce est centrée sur le problème de l'amour filial et paternel.'

line 631. Nuremberg. This town, the scene of the pre-1945 rallies of the Nazi Party, was chosen by the Allied governments as the most suitable place to try Germany's war criminals in 1946. Field-marshal Goering was sentenced to death but managed to commit suicide.

Johanna's age is an important factor in the play, which is also about the conflict between different generations. It is because she cannot understand the kind of pressure put on men during the war that she rejects Frantz so completely on discovering he has been a torturer.

line 651. rallumer le poste, 'switch the wireless on again.'

line 685. Qu'aurions-nous fait de plus, si nous l'avions adoré? One of Sartre's fundamental ideas, which shows how strong the imprint of Marxist thought is on him: what matters are not our subjective feelings but the objective consequences of our acts.

lines 697–8. Frantz's speech is the first statement of the excuse that he gradually invents for himself—that his tortures were necessary to prevent 'l'extermination systématique du peuple allemand'.

line 774. Je tiendrais le coup, 'I would stand up to it' (if put into a concentration camp).

line 797. des prisonniers à caser, 'prisoners to put somewhere, to fit in somewhere.' Heinrich Himmler (1900–45) was head of the police force in Nazi Germany, and responsible for sending Jews and opponents of the regime to concentration camps. He committed suicide in 1945.

This conversation between Frantz and his father serves two purposes: it prepares us to understand Frantz's attitude to his father and his reaction to the crimes that he himself and other Germans have committed; and it enables Sartre to make a political judgment on the German businessmen who, like von Gerlach, helped Hitler to come to power because they thought they would be able to use him. Sartre seems, however, also to have a certain admiration for people who are realists, and therefore presents the father as a more likeable character than Frantz, whom he looks upon as an ineffectual idealist. There is a very similar contrast between Hugo and Hoederer in *Les Mains Sales* (1948), where Sartre shows his emotional sympathy with the man who is prepared to use all and every method to make a political policy succeed. Unfortunately, however, as we see both in that play and in *Les Séquestrés*, history often makes political crimes seem useless. (Cf. my own examination of *Les Mains Sales* in *Jean-Paul Sartre, a literary and political study*, Hamish Hamilton, 1960.)

line 981. Nous n'en aurons jamais le cœur net, 'We shall never be really clear about it.'

Perhaps the most important aspect of the episode of the rabbi is the decision of the father to deprive Frantz of any chance of incurring the consequences of his actions. It is because he has always been denied the opportunity to assume responsibility for what he did that Frantz tries to take upon himself the guilt of his whole century—although, as we shall see, this is a *false* attempt, and merely a grandiose way of avoiding his *personal* responsibility.

line 1048. Leni's remark about Jews and anti-semites always received laughter and applause in the Paris theatre—as did the fact that the same actor appeared as both the SS man and the American soldier.

The reaction of the Americans is also used by Sartre, the critic of Western foreign policy, to show how America relies on exactly the same class of people as Hitler.

line 1089. *Nous jouons à qui perd gagne. Loser takes all* is the title of the English translation of the play, thus underlining its political message: it is because Germany lost the war that she now wins the peace.

ACT I, SCENE 4 (page 80)

line 154. *On me faisait une beauté.* A remark which announces Johanna's obsession and makes her conduct in the next act more comprehensible. The actress playing the part of Johanna in the Paris production gave great stress to the word *faisait*.

ACT II (*page* 87).

Magnétophone, 'tape-recorder.' Either intentionally or not, this word is very important in view of the most common method of torture used by the French Army in Algeria, which was to send an electric current through the victim's body with a magneto. Several French critics noted this in 1959, and Alfred Simon wrote in *Esprit* (November 1959, p. 551): 'Une machine qui a presque le même nom que la machine à faire parler l'homme, parle au nom de l'homme. Victime, Bourreau ou Témoin? "Un et un font un" répond la voix humaine.' (Cf. Frantz's closing speech in Act V, scene 3.)

ACT II, SCENE I (*page* 87).

Frantz's opening speech is addressed to the Tribunal of the Crabs, and is being recorded.

line 12. *Une braderie*, 'a sale of old stock.' The word 'liquidation' is a pun: selling off stock; liquidating, in the sense of killing.

line 34. *la bobine*, 'the tape.'

line 96. *la crique me croque*, literally 'the creek will eat me.' A slang expression meaning: 'I shall disappear completely.'

line 113.... *ils ont quelqu'un dans la place?* 'they have someone on the inside?'

line 152. *il est dans le coup?* 'is he in the plot?'

line 175. *Ce n'était qu'une précaution,* etc. As the stage directions tell us, Frantz is trying to invent reasons for not disturbing his routine in order to avoid the 'plot' that Leni is telling him about. He suddenly fixes on the idea of a pane of glass that keeps a record of all historical events. Since this pane exists, he tells Leni, there is no need to worry lest the theft of his tape-recordings prevent future centuries from discovering the truth. Consequently, there is no need to take precautions to protect them. Frantz is so much in the habit of telling lies and of refusing to face up to reality that he now does so almost instinctively, irrespective of any need for such evasions. His reaction to Leni's warnings is used by Sartre to indicate this to the audience, and prepare the way for future attempts at similar evasions. In this case, moreover, it leads to the apocalyptic vision of the future being able to watch the whole of the past in the same way as we can watch certain newsreels (*lines* 186–210). A similar idea was expressed by Sartre in 1949 after he had been watching a film called *Paris 1900* and wrote:

> Quarante ans après, mon regard statue souverainement sur leur cas, et leur reconnaît la seule réalité à laquelle ils puissent désormais prétendre. Si bien qu'on peut dire que ces existences anonymes et quasiment interchangeables, choisies au hasard par la caméra, répondent devant la postérité pour toute leur époque dont ils sont responsables dans la mesure où ils ont contribué à la faire. (*Le Figaro Littéraire,* 25.10.47.)

As he judges the past, so Sartre imagines the future judging us.

line 198. *En résidence surveillée,* i.e. constantly watched over, like a criminal under house arrest. This is because we do not know which of our acts posterity will discover and bring to the light of day. Cf. Note to *line* 175, above; we are all exposed to the judgment of the future.

line 204. *comme un voleur*..See the Note on p. 216.

une manette qui tourne, the 'handle' of the cinema projector, which shows the whole film of the past, bringing Leni back to life. The image of the Night recurs in Frantz's closing speech.

line 225. Frantz's description of the crabs does bring out an important idea: we cannot possibly know how people will think of us in the future, since they will be very different from us. In order to realise this, all we really need to do is think of how we judge the past, and compare our judgments of them with what people thought of themselves in, for example, 1914.

line 237. en direct, 'in direct transmission.' The future can watch what is happening now. But, since it *is* the future, it cannot understand.

lines 250–74 The fact that Frantz has to make Leni bear witness to the continued ruin of Germany is one of the first indications that he is *de mauvaise foi*, that he does not really believe anything that he says about Germany being in ruins.

line 267. Quelle bourde, 'what a joke.'

lines 327–8. tu me rendras fou, etc. Leni understands Frantz very well: if he were to go mad, this would be a great relief for him, since he would no longer feel either guilt or innocence. But, as Sartre showed in the short story *La Chambre* (1939), it is impossible for a sane person to enter deliberately into the world of real madness.

lines 379–95. Leni has no remorse for having done what she wanted to do: loving her brother, she has slept with him. She can therefore defy any hostile judgment made of her. Frantz, on the other hand, did what he really did not want to do (torture the prisoners) and cannot therefore assume responsibility for his acts. As soon as Leni says: 'J'ai voulu ce que j'ai fait,' he remembers what he has done, and cannot bear the idea of it.

ACT II, SCENE 2 (*page* 100).

The desperate attempt made by Frantz not to fall asleep has two meanings: as the next scene shows, he is afraid of his dreams, in which he sees the truth; and his so-called constant awareness is really a false awareness. In the same way as he tries to take on the guilt of his whole century in order to forget his own personal guilt, so he tries to remain physically awake all the time in order to give himself an excuse for not being genuinely conscious of what did happen.

ACT II, SCENE 4 (*page* 102).

This scene and the previous one show quite clearly that Frantz still does know what he did, and is trying to deny it.

line 18. Arthropodes, 'arthropode.' A type of shellfish. In view of Frantz's later admission (IV, 2) that 'les crabes sont des hommes' (*line* 413), the word is obviously a pun, meant to evoke *anthropos* (man).

ACT II, SCENE 5 (*page* 103).

Frantz begins, as in the previous scene, by trying to deny the reality of what is happening. Thus he pretends initially that Johanna is a vision sent by the crabs, and feigns amazement when she speaks.

line 29. Par Leni. The stage direction on p. 81 tells us that Johanna did not hear the signal correctly, but we discover later (III, 4, *line* 62), that she learned it from the father.

line 115. La chambre a reçu le vide en coup de faux, 'Emptiness came into the room as a forgery'—or 'as a scythe.' Another pun, evoked by the idea of Johanna as death. Frantz is still trying to pretend that Johanna does not really exist.

line 117. Vous n'y verrez que du feu, pauvres crustacés. The crabs will not be able to see what is really going on. His playing at shooting her is another part of histrionics.

line 161. Je le connais comme si je l'avais fait... A speech which foreshadows the revelations in the last act, where the father confesses to having 'made Frantz in his own image', and therefore claims to be able to assume full responsibility for what his son has done. Here, however, Frantz recognises that this cannot be the case, since there is too close and too positive a relationship between him and his father for him to be merely a passive reflection. When, in Act II, scene 5, *line* 191, he says: 'Regardez ce qu'il a fait de moi,' this is yet another of the attempts which he makes, without really believing in them, to deny his own responsibility.

line 222 Qu'est-ce qu'on peut vouloir? Tout. It is this remark which enables Frantz to understand Johanna, and recognise her as belonging to the same spiritual family as himself: that of people devoured by the need for the Absolute. Frantz is also right in immediately seeing the difference of kind which separates Johanna from Werner. As usual, what he says is a mixture of truth and falsehood.

line 256. Il ne se décourage donc pas, i.e. of trying to 'arrange' things for me, of trying to save me from taking the blame for my own actions. as he did in the affair of the rabbi.

line 273. c'est la foire, literally 'the fairground', i.e. all mixed up.

line 287. Mais je ne choisis jamais. Another example of his attempt to deny responsibility, this time by claiming that everything which he does is predetermined.

lines 323–4. The stage direction shows again how conscious Frantz is of living in a deliberately provoked illusion.

line 336. *la montée en flèche du chômage,* 'the steep rise in unemployment.' An image of the line on a graph going upwards like an arrow.

line 353. *il fallait la gagner, cette guerre. Par tous les moyens…* Frantz has changed his ground again: he is now prepared to think about the fact that he is a torturer, but is using his second line of defence, the argument that all means were necessary to avoid such a disaster. Until the last act of the play, his mind flickers from one excuse to the other.

Act II, Scene 8 (*page* 116).

lines 9–10. Johanna has now begun to hesitate as to whether or not to tell Frantz the truth.

line 62. *La fille d'un client de Werner.* A reference to the one time (cf. I, 2) that Werner was involved, as a lawyer, in a case of sequestration. Johanna is comparing herself to the half-starved and totally neglected girl in this case, in order to contest Frantz's description of herself as a 'séquestrée' whom he has recognised as such. What Frantz means is that she, like himself, cannot escape from her own preoccupations and obsessions, which hold her prisoner far more effectively than any physical constraint. The conversation which follows shows how Frantz makes use of his 'lumières spéciales' to see into Johanna's desires.

line 101. *Vous vous guettiez,* i.e. in looking-glasses—as Leni has already noticed and told Johanna in the first act. But, as Frantz realises, she was never 'taken in' by her own beauty in the same way that other people were, because she could never see herself from the outside. This conversation illustrates the idea expressed in the Introduction (pp. 17–18). Frantz likewise failed to see himself as a hero (*line* 113, 'je me suis raté') and can therefore understand her.

line 126. '*Entrez dans ma folie, j'entrerai dans la vôtre.*' You believe in my beauty, I will believe in your vision of a ruined Germany. Frantz recognizes that Johanna has seen herself in his eyes—in the same way as, in *Huis Clos,* Estelle tries to look at herself in the eyes of Inès. Frantz, however, unlike Inès, offers himself as a co-operative type of looking-glass, whose eyes will reflect back to Johanna the image which she would like to see of herself. He will do this, however, only on one condition: that she does not try to destroy his illusions (*line* 157).

ACT III, SCENE 1 (*page* 123).

This scene was omitted from the Paris production.

line 1. *A la cantonnade*, 'in the wings, off-stage.'

line 10. *à Leipzig*. Some critics have thought it odd that one of the industrial giants of West Germany should go to the East German trade fair.

line 65. *Les folies de ce vieux gosier*, i.e. the cancer in his throat.

ACT III, SCENE 2 (*page* 126).

line 50. *Comme larrons en foire*, 'We are as thick as thieves'—because we are both cheating and both know what we are doing. This scene shows the extent to which, by seeing Frantz, Johanna has ceased to be able to help the father in his ambition to bring his son down from his room. She has entered so deeply into Frantz's imaginary world that at times she really believes in its existence. The father, however, as we see in Act III, scene 2, *line* 209, still thinks that the cold water shock of truth will bring Frantz to his senses. This shows a curious lack of understanding of his son, in view of the fact that the father knows all the time that Frantz is a torturer (cf. V, 1).

line 260. *Les tueurs à gage*, 'hired killers.' Johanna is repeating the idea that to tell Frantz the truth would be to kill him.

ACT III, SCENE 4 (*page* 134).

line 34. *une armoire*, literally 'a wardrobe.' Werner is being ironical about Frantz's size, and the number of medals he is wearing.

line 56. *Pas un instant je n'ai marché*, 'I never believed you for a minute.'

lines 83–122 Werner's reaction shows how he too is really a von Gerlach: he loves power, and is tired of being sacrificed to his brother.

line 135. *Loqueteux, à demi cinglé*, 'in rags, half bonkers.'

line 154. *je les mettrai tous au pas*, 'I'll make them all obey me.'

line 170. *Avant toi, la mort et la folie m'ont attirée*. A reference to Johanna's earlier career that enables us to appreciate why she felt so immediately attracted by Frantz. Perhaps to be read as a hint that she had some kind of nervous breakdown either before or after leaving the stage. She did, as she tells Frantz in Act IV, scene 2, almost become an alcoholic (*line* 525), and states in Act I, scene 2, 'j'étais folle' (*line* 520) *line* 212. *tu crois qu'il mord*, i.e. Do you think I'm taken in by all this pretence of being tough, of being a *soudard* (old soldier)?

ACT IV, SCENE 1 (*page* 141).

Before Johanna came to see him, Frantz had abolished any consciousness of the passage of time (cf. II, 8, *line* 74). Now, he has rediscovered what time means through his impatience to see Johanna again.

ACT IV, SCENE 2 (*page* 142).

line 61. *La semaine anglaise*, because Werner has Saturday off. Most French people work on Saturdays.

line 250. *Le monde, chère Madame...* Rather an obscure speech. The general implication seems to be that, before he met Johanna, Frantz thought that the whole world was dead. Now it has become alive again because she is living in it. His next speech shows that he is afraid of the way Johanna might think of him when she is down in the ordinary world, for he realises that she then ceases to believe in the imaginary world that exists in his room. It is the fact that he knows how precarious Johanna's belief is which forces him to try to change the situation, to make it more permanent by telling her his first version of what happened in Smolensk. For as his speeches in lines 362–85. make quite clear, he has really ceased to believe either in the ruin of Germany or in Johanna's attempts to enter into his self-induced illusions. He cannot, however, face up to the whole truth, in spite of his realisation (*lines* 413–20) that what he called the crabs was really the judgment which men will make of him in the future.

line 449. *je suis tout homme et tout l'Homme*, 'Everyman and the whole of mankind.' The paradox of the whole of Frantz's character lies in the fact that, through his histrionic speeches, occasional truths emerge.

lines 455–78. The point of Frantz's long speech is this: he has given up believing in the crabs, but he cannot do without someone to judge him. That is to say, he cannot do without someone to relieve him of the responsibility for his acts. He therefore decides to give Johanna the task of settling the question of whether or not he is guilty—something which he has not the moral courage to decide himself. However, he will not tell her the truth. The whole of Frantz's part in the play is that of a man fighting a desperate rearguard action against the intrusion

of reality. The difference in tempo and atmosphere between Act II
and Act IV can be explained by the fact that in Act II, Frantz still
feels master of the situation and is capable of imposing his will upon
both Leni and Johanna; in Act IV, this confidence in the power of his
own illusions has disappeared, and he is eventually defeated when he
can no longer keep the truth at bay.

ACT IV, SCENE 3 (*page* 158).

This flashback may or may not represent something which 'really'
happened to Frantz. Its importance lies in the fact that it can be used in
one of two ways: as a retrospective justification for what he did, on the
days when he cannot deny to himself that he tortured; or, as now, as an
illustration for his favourite illusion that Germany is in ruins through
his 'sensiblerie' (IV, 4, *line* 57).

ACT IV, SCENE 4 (*page* 161).

Johanna's reactions during this scene foreshadow her later rejection
of Frantz and illustrate the difficulty which someone of her generation
has in trying to understand the past.

ACT IV, SCENE 5 (*page* 163).

line 9. *baptisé les prisonniers*, 'called them prisoners,' although,
legally speaking, only soldiers in uniform can really be called prisoners.

lines 66–88. This claim to have become master of his own decisions
and to have assumed full responsibility for what he did is fallacious in
so far as Frantz now proceeds to lie to Johanna about his treatment of
the partisans. He cannot, in the scene with his father, be so self-
confident about his actions, and his condemnation of Klages is also
applicable to his own attitude. Most of the scene describes what he
would have *liked* to have happened.

ACT IV, SCENE 7 (*page* 167).

line 14. *La vie brève*... This series of images is again a reflection of
how Frantz would have liked things to have happened: a Romantic
explosion, in which his sacrifice of his honour for his country gained
him glorious immortality—'mon nom seul, sur l'airain.'

Act IV, Scene 8 (*page* 169).

line 39. This parody of the Communion service is perhaps to be read with the remarks of Alfred Simon in *Esprit* (November 1959, p. 549):

Le père, seul personnage auquel Sartre ne donne pas de nom propre, serait la figure de Dieu. C'est vrai, mais l'on doit préciser que Dieu n'est plus la fiction dérisoire, le fantoche... des *Mouches*... ni la provocation au blasphème du *Diable et le Bon Dieu*... mais un homme dévoré par la mystique de la paternité. A Goriot, incarnation romantique du Dieu déchu par l'amour, il substitue le père de l'ère capitaliste, le fondateur, le producteur.

If there is any truth in this, then Frantz would naturally be seen as the Son of God, the son created and sacrificed by the Father. This would give more than a merely frivolous meaning to what Frantz says here, and it is true that there are many symbols of a curiously inverted theology in Sartre's work. See p. 217.

line 97. *un étouffe-coquin*, very heavy cake, likely to choke or stifle anyone eating it; often also called an 'étouffe-chrétien.'

line 128. *la seul à t'aimer tel que tu es*. According to some reports, which Sartre vigorously denied, the play was originally to be called *L'Amour*. It is, indeed, a study in different types of love, and Leni's love for Frantz does offer a glimmer of rather ironical light: a torturer can be loved—even though the person who loves him will cause his death rather than give him up.

Act IV, Scene 9 (*page* 173).

line 56. *il m'a fait le coup*, 'he told me the same story.'

line 101. *tout est allé si vite*. Sartre, commenting on Frantz's action in torturing the partisans, quoted the remark of the revolutionary leader Le Bon, who said when looking back at what he did during the Terror: 'Le temps alors passait très vite; maintenant, tout est lent, je ne peux plus comprendre' (*Lettres Françaises*, 17.9.59).

Act V, Scene 1 (*page* 177).

line 79. *vous me déchirez la gorge*. Frantz's insistence that his father shall not cough is a sign of the love which he has for him, and which will not allow him to watch him suffering. True to his habit of hiding from the truth, however, Frantz wants both to deny this love and to hide from himself the knowledge that his father is in pain. There is also the fact that this is the first time for thirteen years that Frantz has seen anybody suffer physically: inevitably, it reminds him of the prisoners he tortured.

line 96. *Les supérieurs : en bouillie,* 'the higher officers all cut to pieces, all dead.'

line 107. *J'irai jusqu'au bout,* cf. what Sartre said in *Paris-Journal* on September 12th 1959: 'Frantz a été dans le bain jusqu'au fond, il s'est en quelque sorte "dépassé," ce qui a été commun à tant d'hommes.'

line 113. *Le vieil Hindenberg a toute sa tête,* 'doesn't miss a trick, understands everything.' Frantz is here putting forward what he has gradually come to recognise as one of the true motives for his crimes: the desire to compensate for the feeling of impotence which he had had when the Nazis killed the rabbi in front of him in 1941. He links this, however, with the natural desire of all men to see their fellows suffer, and which explains the fact that, even when the rabbi was being killed, Frantz found within himself 'approval for the act' (*line* 130: *je ne sais quel assentiment*). It is this knowledge, in particular, that he has been hiding from himself, but which nevertheless comes out in the closing speech on the tape-recorder (V, 3, *lines* 36–40), and can be regarded as constituting the most pessimistic statement that Sartre has yet made about the human condition. In his earlier works, men were always depicted as cowardly, essentially unhappy, unable either to face up to reality or to enjoy experiences of any form. Now, however, man is shown as being, by his very nature, a beast of prey—'la bête maligne et sans poil, l'homme' (V, 3, *line* 40) who enjoys seeing his fellows suffer.

line 139. *je les prendrai de vitesse,* 'I will overtake them,' that is to say, I will go faster than events so that I do not again become their victim.

line 154. *Je n'avais pas la main,* 'I was not yet skilful enough at torturing.' But the implication is that he did later become so. It is not just one incident that he has been trying to deny the last thirteen years.

It is important to note both the terms in which Frantz speaks of his ambition in torturing—reducing men to vermin—and the fact that the partisans did *not* talk even when tortured. Thus when the father says (*line* 155) that it was the prisoners who decided to create the 'reign of man,' he is expressing the feeling of triumph implicit in the title which Sartre gave to his preface to *La Question: Une Victoire.* Henri Alleg did not talk, and Sarte wrote of him: 'Alleg nous épargne le désespoir et la honte parce que c'est une victime et qui a vaincu la torture.' It is thus that he has defeated the attempt to make him a *sous-homme*. *Situations V*, p. 76 and p. 84.

line 173. *jugez-moi*, etc. Frantz still refuses to accept responsibility. If someone is ready to judge him, then that person will pass a final opinion on his acts. Even if this is an absolute condemnation, it will have been made by someone else, not by Frantz, who will again have escaped from the responsibility of deciding what to think of his own actions. The criminal who is given, for example, five years imprisonment knows what other people think of his crime; he no longer has to decide on the verdict himself. It is somehow comforting to be judged, and Frantz feels that this comfort may be near at hand in the person of his father.

line 191. *Les bonshommes se liquéfiaient*, 'the guys just turned to jelly.'

line 241. *je ne sais pas chanter*, 'I don't pay blackmail.'

line 249. *J'étais à decouvert*, 'I was exposed, open to what other people might think of me.'

line 282. *Le boucher de Smolensk, c'est toi*. Leni is not the only person to love Frantz as he is.

line 300. *je ne souffre pas, j'ai fait souffrir*. Cf. Sartre's remark: 'Bien que lui-même soit comique, la tragédie de ses victimes rejaillit sur lui' in *Les Lettres Françaises* (7.9.59). The contrast between what Sartre said about Frantz in the various interviews which he gave to explain his point of view and the impression which the reader or spectator receives from the play is particularly marked in the last act. Gabriel Marcel, one of the best known and competent of French dramatic critics, found it 'perhaps the finest Sartre has written' (*Les Nouvelles Littéraires*, 1.10.59), and its depiction of the twin tragedy of Frantz and his father most moving. As has already been noted, however, Sartre has little conscious sympathy for Frantz, and declared in *L'Humanité* (16.9.59) that he was 'rien qu'une victime inefficace, que la victime de sa formation familiale.' The most likely reason for this attitude is Sartre's evident sympathy with the victims of torture, a sympathy that comes out most clearly in his preface to *La Question*.

line 322. *T'en arrangeras-tu?* 'Will you be able to come to terms with that? The father is following out the policy which he outlined to Johanna at the beginning: telling Frantz the absolute truth, in the hope that the shock will cure him.

line 370. *Tu n'as rien*, etc. Cf. Sartre's remark in the interview with *Les Lettres Françaises*, to the effect that Frantz was condemned to impotence by the historical situation: 'En point d'évolution où en est —où en était en 1933—le capitalisme allemand, le fonction du chef n'existait plus sous la forme où le père le conçoit.'

line 391. *Elle forme et recrute elle-meme ses gérants*, 'it trains its own managers and recruits them itself.

lines 417–21. Frantz knows that he will not be able to keep himself very long in the frame of mind where he really believes that his father is responsible for everything. It is for this reason that he insists on their both committing suicide immediately—if he were to die alone, it would be with the knowledge that his father might change his mind, and that he, Frantz, would then be judged again, in his absence. Cf. *L'Être et le Néant*, pp. 625–6, where Sartre argues that our death constitutes the final triumph of the Other, since the Other can now decide how to think of the dead person, who is 'tombé dans le domaine public' and is exposed, defenceless, to all judgments. If they both kill themselves immediately, Frantz will be able to die with the idea that his father has been his 'cause and destiny to the very end' (*line* 473).

There is a strong similarity between the endings of *Les Séquestrés d'Altona*, *Les Mouches* and *Les Mains Sales*, in that in each play the final action of the hero is to 'contract out' of the situation. Orestes, it is true, frees the town of Argos by killing Aigisthos and Clytemnestra, and apparently also delivers its inhabitants from their feelings of remorse by proudly assuming responsibility for his crime. In fact, however—as Francis Jeanson pointed out, in a book that Sartre approved of as expressing his own later attitude to this work (*Sartre par lui-meme*, Éditions du Seuil, 1956, pp. 24–5)—Orestes is really doing nothing but wash his hands of Argos instead of staying to help the inhabitants in their ordinary lives. At the end of *Les Mains Sales* (1948), Hugo is betrayed by events in almost exactly the same way as Frantz von Gerlach, since a new change in the party line shows his earlier killing of Hœderer to have been quite useless. He, like Frantz, commits suicide rather than assume responsibility for an act which has lost all possible justification. It is difficult, of course, if one looks upon Sartre as a didactic author, to see exactly what point he is trying to make in ending his plays like this. To judge from some of the remarks which he made about Hugo, he may have intended to represent his suicide as an example of the impossibility, for a 'bourgeois idealist,' of facing up to the realities of political life, but this explanation hardly fits the other ideas expressed in the play (cf. my study of it in the book already mentioned). In the case of *Les Mains Sales* and of *Les Séquestrés d'Altona* the suicide of the hero does seem the only possible way in which the play could end. Cf. Sartre's comment in *France Nouvelle* (17.5.59):

> Dans la société bourgeoise où nous vivons, il est très difficile de faire autre chose, pour un auteur comme moi, que du réalisme critique. Si un héros se réconcilie avec lui-même, le public qui le regarde faire — dans la pièce — risque aussi de se réconcilier avec ses interrogations, avec les questions non résolues.

ACT V, SCENE 3 (*page* 192).

line 33. *Mon client s'éventre de ses propres mains.* Frantz is pretending to talk like a lawyer. There is, he says, no external force that has caused the twentieth century to be the scene of so many disasters Man, and man alone, decides his own fate. There is no such thing as fate or Providence, either malevolent or divine.

line 40. *Un et un font un.* Man is always alone. There is no such thing as communion or communication. When we kill, we kill ourselves; and then we ourselves are still alive. It is like an ironical reply to John Donne's: 'Every man's death diminishes me, because I am involved in mankind.'

line 52. *il sait qu'il est nu*, that is to say, that other centuries will. judge and probably condemn him. In Sartre's view, this awareness in something that is particularly characteristic of our own time. Cf. *L'Express* (17.9.59): 'il y a d'ailleurs quelque chose de particulier à notre époque: c'est que nous savons que nous serons jugés.'

APPENDIXES

1. *A Note on the Time Sequence of 'Les Séquestrés d'Altona.'*

The action of the play takes place during the early summer of 1959, when Frantz is thirty-four and he has been in his room for thirteen years, since 1946. (Cf. IV, 8, *line* 18, when Leni tells him that his birthday, February 15th, has just passed and that she has brought him a cake to celebrate his thirty-fourth birthday, which took place on February 15th, and I, 2, *line* 591, and V, 1, *line* 345). This means that he must have been born in 1925, and that he must have been sixteen when he tried to save the life of the rabbi on June 23rd 1941 (cf. I, 2, *line* 941—by an odd coincidence, the day immediately following the German attack on Russia). There is, however, a slight discrepancy here, since Leni says in I, 2, *line* 731 that Frantz joined up when he was eighteen, and the father states that the condition for Frantz not being punished for trying to help the rabbi was that he join up immediately —i.e. in 1941 when according to the internal evidence of the play he was only sixteen. It is in 1949 that Frantz tells Leni the truth (IV, 9, *line* 74), and in 1956 that Ferist and Schiedemann tell the father about Frantz being a torturer, and Gelbner goes to Argentina to secure a false death certificate (V, 1, *lines* 235, 246). Werner and Johanna have been living at Altona since 1957 (V, 1, *line* 246). Johanna is twenty-five (cf. I, 2, *line* 643 where she says that she was twelve in 1946). Werner is Frantz's younger brother (III, 4, *line* 33). There is no indication of Leni's age, but she was certainly played by an actress who both was and looked much older than Johanna.

2. *A Note on the Biblical Atmosphere of 'Les Séquestrés d'Altona'*

The reader or audience of *Les Séquestrés d'Altona* cannot fail to be struck by the frequent references made in the play to the Bible or to Biblical texts. Thus, in Act I, the father makes Leni and Werner swear on the Bible. (p. 47) and, in Act V, is made to take an oath on it himself (p. 178). Frantz states that his father 'created him in his own image' (p. 107 cf. Genesis, I, 27), is referred to by Werner as the prodigal son (p. 137 cf. Luke XV, 11–32), quotes Psalm CXXX on p. 101, uses the

Lord's Prayer to address the crabs (p. 102 cf. Matthew VI, 10), conducts a parody of the Last Supper (p. 170 cf. Luke XXII, 19–20), tries to go one better than the Disciples by remaining constantly awake (p. 100 cf. Matthew XXVI, 41) and pretends to be surprised that his sweat has not turned to blood (p. 95 cf. Luke XXII, 44). In a more jocular vein, he refers to himself as Samson (p. 144 cf. Judges XVI, 27–30), and promises Johanna that her attitude to him will represent the New as distinct from the Old Testament (p. 155). The insistent repetition of the phrase 'un et un font un' in his closing speech might perhaps be taken as a reference to the Trinity, and he certainly quotes II Peter III, 10 to evoke the thirtieth century arriving like a thief in the night (p. 93).

In an extremely interesting article in PMLA for December 1963 (*De LA CRITIQUE DE LA RAISON DIALECTIQUE aux SÉQUES-TRÉS D'ALTONA*, pp. 622–30), Madeleine Fields argues that 'Les réminiscences bibliques transforment la pièce en une vaste parabole tragique où l'enfant prodigue qu'est l'homme entraîne son père à la mort', and it is certainly true that a comparison between the end of the play and Luke XV, 24 and 32 gives the impression that Sartre is deliberately inverting the traditional parabol of the prodigal son. Similarly, the initially unjustified preference which the father has always shown for Frantz over Werner recalls Genesis IV, 4–5, and one French critic did note a parallel between von Gerlach and God (cf. note to IV, 8, *line* 39). The frequency of the explicit references to the Bible could, however, be explained by Sartre's evident intention to depict a specifically German family educated in the Bible-reading tradition of the Lutheran church. The influence of Luther is mentioned in the text as an explanation of Frantz's character (pp. 67, 165), and it is significant in this respect that nearly all the Biblical references are made by Frantz himself, who is also described by Sartre in an interview in *Paris-Journal* on 12.9.59 as having a 'conscience luthérienne'. One or two of the Biblical parallels made by Mrs. Fields are not wholly convincing (e.g. Frantz's assertion of predestination on p. 111 compared to Psalms CXXXIX, 1–18, the reference to love not judging on p. 156 interpreted in the light of I John IV, 19), and the 'lumière apocalytique' which she finds in the play can perhaps be explained by more naturalistic considerations. Nevertheless, many parallels are there, and both *Saint Genet comédien et martyr* and *Le Diable et le Bon Dieu* show Sartre's great interest in religious and theological problems.

In particular, his stress on the idea of judgment links up with a very Christian idea, and when Frantz pretends in his speeches to the crabs to be pleading like a lawyer on behalf of the twentieth century (cf. note to V, 3, *line* 33), there is a definite similarity with I John II: 'If any man sin, we have an advocate with the Father, Jesus Christ the righteous'.

3. *Some French Opinions of 'Les Séquestrés d'Altona'*

(*a*) Robert Bourget-Pailleron in the *Revue des Deux Mondes* (15.10.59):
...cinq acts interminables et d'une incohérence fréquente...Treize ans dans une chambre, c'est long. Guère plus long que la pièce, hélas... Le spectateur se demande si l'existentialisme va conduire à pasticher le père Hugo dans ses pires égarements.

(*b*) Paul Morelle in *Libération* (26.9.59):
Une Bible des préoccupations contemporaines.
Les Séquestrés d'Altona est une des tragédies, sinon *la* tragédie contemporaine.
Sartre plaide ici pour les Écrasés de l'Histoire. Et pas seulement pour les victimes innocentes, ce qui va de soi. Mais pour ce que l'on pourrait appeler les victimes-coupables.

(*c*) Dominique Fernande in *La Nouvelle Nouvelle Revue Française* (November 1959):
Une œuvre lourde, sans grâce aucune, sans relief, et à laquelle il eût suffi peut-être d'un peu plus d'art pour toucher le public par autre chose que par le respect.
... la lutte de cet homme, à la fois fou et raisonnable, contre les fantômes de sa mémoire, de sa conscience. Le meilleur Sartre s'y trouve, celui d'avant-guerre, celui de *La Nausée*, celui de *Huis Clos* aussi, qui avait choisi de rendre compte de la condition humaine en l'isolant entre les quatre parois d'une cellule. Parvenu à la maturité, Sartre a voulu, comme Goethe avec le second Faust, élargir cette cellule aux dimensions de l'histoire. Résultat: un drame bourgeois auquel ne manquent ni le *pater familias*, ni le fils raté, ni la fille incestueuse, ni la bru adultère, et que n'arrivent pas à sauver les extravagances brillantes du fils prodigue, miroir et conscience du monde.

(*d*) Pierre-Aimé Touchard in *La Nef* (October 1959):
Sartre a créé un héros qu'on étudiera désormais ... comme on étudie les grandes créations de Balzac et de Flaubert.

(*e*) Guy Leclerc in *L'Humanité* (26.9.59):

Nous trouvons la représentation scénique de l'aliénation capitaliste, dominée par l'Entreprise, le système, qui fait de Frantz un rouage, le convertit d'anti-nazi en complice de Hitler, le plonge dans d'indissolubles contradictions, et la conduit inéluctablement à la mort. C'est la dialectique des contradictions qui anime le drame, et c'est une dialectique de la fatalité qui fait du drame une tragédie.

(*f*) Jean Vigneron in *La Croix* (2.10.59):

L'on sait que l'œuvre entière de Sartre est à l'Index. C'est écrire qu'un tel spectacle, d'une certaine importance littéraire et philosophique, n'est destiné à aucun chrétien.

(*g*) M-H. Lelong, O. P. in *Témoignage chrétien* (23.10.59):

Ce drame est impensable en dehors de la civilisation chrétienne. Allez voir si les trusts familiaux japonais, les *zaibutse*, et si les égorgeurs galonnés du Pacifique connaissent les troubles de conscience du boucher de Smolensk.

(*h*) Morvan Lebesque in *Carrefour* (30.9.59):

Un jour, de nos doutes, de nos passions, de nos tourments et de nos colères, comme l'ultime message de Frantz lancé à la face du public restera la voix d'un homme qui avait 'la passion de comprendre les hommes', et qui s'appelait Jean-Paul Sartre. Enfin, un écrivain qui a quelque chose à dire.

4. *Bibliography*

The works of Sartre published in book form are:

NOVELS

La Nausée. Gallimard. 1938. Republished in the Édition Pourpre series.

Les Chemins de la Liberté:

    I. *L'Age de Raison.* Gallimard. 1945.

    II. *Le Sursis.* Gallimard. 1945.

    III. *La Mort dans l'Ame.* Gallimard. 1949.

Extracts of the fourth volume *La Dernière Chance* appeared under the title of 'Drôle d'Amitié' in *Les Temps Modernes*, November and December 1949.

SHORT STORIES

Le Mur. Gallimard. 1939. Republished in the 'Livre de Poche' series.

PLAYS

Les Mouches. Gallimard. 1943. Republished in *Théâtre*. Gallimard. 1947.

Huis Clos, Morts sans Sépulture, La Putain Respectueuse. Published in *Théâtre*. 1947.

Les Mains Sales. Gallimard. 1948. Republished in the Édition Pourpre series.

Le Diable et le Bon Dieu. Gallimard. 1951.

Kean, ou Désordre et Génie. Adapted from Alexandre Dumas. Gallimard. 1954.

Nekrassov. Gallimard. 1956.

Les Séquestrés d'Altona. Gallimard. 1960.

FILM SCRIPTS

(1) *Les Jeux sont Faits*. Nagel. 1946.
(2) *L'Engrenage*. Nagel. 1946.

LITERARY AND POLITICAL ESSAYS

Situations I. Gallimard. 1947. (On Faulkner, Dos Passos, Paul Nizan, Husserl, Mauriac, Nabokov, Denis de Rougement, Giraudoux, Camus, Blanchot, Bataille, Parain, Renard, Descartes.) These essays date from between 1938 and 1946.

Situations II. Gallimard. 1948. (*Présentation des Temps Modernes, La Nationalisation de la Littérature, Qu'est-ce que la Littérature?*)

Situations III. Gallimard. 1949. (*La République du Silence, Paris sous l'Occupation, Qu'est-ce qu'un collaborateur? La Fin de la Guerre, Individualisme et Conformisme aux États-Unis, Villes d'Amérique, Matérialisme et Révolution, Orphée Noir, La Recherche de l'absolu, Les Mobiles de Calder.*)

Situations IV. Portraits. Gallimard. 1964. (*Portrait d'un inconnu. L'Artiste et sa conscience, Des rats et des hommes, Gide vivant, Réponse à Albert Camus, Albert Camus, Paul Nizan, Merleau-Ponty, Le séquestré de Venise, Les peintures de Giacometti, Le peintre sans privilèges, Masson, Doigts et non-doigts, Un parterre de capucines, Venise, de ma fenêtre.*)

Situations V. Colonialisme et néo-colonialisme. Gallimard. 1964. ('D'une Chine à l'autre', *Le colonialisme est un système*, 'Portrait du colonisé', *précédé du* 'Portrait du colonisateur', 'Vous êtes formidables', 'Nous sommes tous des assassins', *Une victoire*, 'Le Prétendant', *La Constitution du mépris, Les grenouilles qui demandent un roi, L'analyse du Référendum, Les somnambules*, 'Les Damnés de la terre', *La pensée politique de Patrice Lumumba*.)

Réflexions sur la Question juive. Éditions Morihien. 1946. Republished by Gallimard. 1954.

Baudelaire. Gallimard. 1947.

Entretiens sur la Politique. Gallimard. 1949.

Saint Genet Comédien et Martyr. Gallimard. 1952.

L'Affaire Henri Martin. Gallimard. 1953. Commentary by Sartre on texts by a number of other writers.

Sartre on Cuba. Ballantine Books, New York. 1961.

AUTOBIOGRAPHY

Les Mots. Gallimard. 1964.

PHILOSOPHICAL WORKS

L'Imagination. Presses Universitaires de France. 1936.

Esquisse d'une Théorie des Emotions. Hermann et Cie. 1939.

L'Imaginaire : Psychologie phénoménologique de l'imagination. Gallimard. 1940.

L'Être et le Néant: Essai d'ontologie phénoménologique. Gallimard. 1943.

L'Existentialisme est un Humanisme. Nagel. 1946.

La Critique de la raison dialectique. Gallimard. 1960.

Marxisme et Existentialisme. Controverse sur la dialectique. (With others). Plon. 1962.

The following prefaces have not yet been republished in any collection of Sartre's writing, but the two further volumes of Situations *that are shortly to appear will probably contain a number of them.*

1. SUZANNE NORMAND: *Liberty Ship*. Nagel. 1945.
2. ROGER STÉPHANE: *Portrait de l'Aventurier*. Sagittaire. 1950.
3. L. DALMAS: *Le Communisme jougoslave depuis la rupture avec Moscou.* Terre des Hommes. 1950.
4. JUAN HERMANOS: *La Fin de l'Espoir*. Collection des *Temps Modernes.* 1950.
5. *Finland, Les Guides Nagel*. 1952. (A short preface reproduced in the Nagel guides to Denmark and Norway.)

The following articles in Les Temps Modernes *have not yet been re-printed in book form, but will probably appear in* Situations VI *and VII.*

1. January 1950. Maurice Merleau-Ponty and Jean-Paul Sartre, 'Les Jours de Notre Vie.'
2. April 1952. 'Sommes-nous en démocratie?' (Article in a special number on the French Press.)
3. July 1952. 'Les Communistes et la Paix (I).'
4. October-November 1952. 'Les Communistes et la Paix (II).'
5. April 1953. 'Réponse à Lefort.'
6. March 1954. 'Opération Kanapa.'
7. April 1954. 'Les Communistes et la Paix (III).'
8. March-April 1956. 'Réponse a Pierre Naville.'
9. January 1957. 'Le Fantome de Staline.' (Preface to a special number on Hungary.)

The following interviews have not yet been reprinted:

1. *Paru*, December 1946, with Christian Grisoli.
2. *Combat*, 3.1.47. Interview on the influence of the American novel.
3. *Combat*, 31,3,48. Interview with René Guilly on *Les Mains Sales.*
4. *L'Aube*, 30.3.48. Interview on *Les Mains Sales.*
5. *Le Figaro Littéraire*, 13.4.50. 'A la recherche de l'existentialisme? Sartre s'explique.'
6. *Les Nouvelles Littéraires*, 1.2.51. Gabriel d'Aubarède, 'Rencontre avec Jean-Paul Sartre.'
7. *Opéra*, 7.2.51. Interview on *Le Diable et le Bon Dieu.*
8. *Le Monde*, 31.5.51. 'Ma pièce est avant tout une pièce de foules.'
9. *Le Figaro Littéraire*, 30.6.51. 'Jean-Paul Sartre répond à ʃa critique et offre un guide au spectateur pour suivre *Le Diable et le Bon Dieu.*'

10. *Libération*, 15.7.54-20.7.54. Interviews with Jean Bedel entitled 'Les Impressions de Jean-Paul Sartre sur son voyage en Union Soviétique.'
11. *New Statesman and Nation*, 3.12.55. Exclusive interview with K. S. Karol on Sartre's recent visit to China.
12. *Le Monde*, 1.6.55. On *Nekrassov*.
13. *Libération*, 7.6.55. '*Nekrassov* n'est pas une pièce à clefs.'
14. *L'Humanité*, 8.6.55. 'Je veux apporter une contribution d'écrivain à la lutte pour la paix.'
15. *L'Express*, 9.11.56. 'Après Budapest; Sartre parle.'
16. *L'Express*, 17.9.59. 'Deux Heures avec Sartre.'
17. *L'Express*, 3.3.60. 'Sartre répond aux Jeunes.'
18. *Afrique-Action*, 18.7.61.
19. *The Observer*, 18.6.61.

Other articles by Sartre not collected in book form include:

1. *Action*, 22.12.44. 'L'Existentialisme. Mise au point.'
2. *Théâtre-Arts*, July 1946. 'Forgers of Myths: the young playwrights of France.'
3. *Atlantic Monthly*, August 1946. 'American Novelists in French Eyes.'
4. *Gazette de Lausanne*, 9.2.47. 'Le Processus Historique.' (A reply to a number of criticisms by *Pravda*.)
5. *Caliban*, 1948, No. 16. 'C'est pour nous tous que sonne le glas.'
6. *Caliban*, July 1948. 'Au Nick's Bar.'
7. *Caliban*, October 1948. 'Avoir Faim, c'est déjà vouloir être libre.' (Also in *La Gauche*, 15.5.48.)
8. La *Gauche* (Newspaper of the RDR), June 1948. 'Jeunes d'Europe, Unissez-vous. Faites vous-mêmes votre destin.'
9. *La Gauche*, July 1948. 'De Partout on veut nous mystifier.'
10. *La Gauche*, November 1948. 'Aux Marocains.'
11. *Le Figaro Littéraire*, 7.5.49. 'Réponse à François Mauriac.'
12. *World Theatre*. Spring 1958. 'Brecht et les classiques.'

The following books have been written on Sartre:
ALBÉRÈS, R. M.: *Sartre*. Éditions Universitaires, 1954.
BEIGBEDER, MARC: *L'Homme Sartre*. Éditions Bordas, 1947.
CAMPBELL, ROBERT: *Jean-Paul Sartre ou une littérature philosophique*. Éditions Pierre Ardent, 1945.

CRANSTON, MAURICE: *Sartre*. Oliver and Boyd, Edinburgh, 1962.

DEMPSEY, PETER J. R.: *The Psychology of Sartre*. Cork and Oxford University Press, 1950.

DESAN, WILFRID: *The Tragic Finale: An Essay on the Philosophy of Jean-Paul Sartre*. Harvard, 1954.

GRENE, NORMAN: *Jean-Paul Sartre: The Existentialist Ethic*. Yale, 1961.

JAMESON, FRANCIS: *Sartre: The Origins of a Style*. Ann Arbor, 1961.

JEANSON, FRANCIS: *Le Problème moral et la pensée de Sartre*. Éditions du Myrtre, 1947.

Sartre par lui-meme. Éditions du Seuil, 1956.

LAING, R. D. AND COOPER, D. G.: *Reason and Violence: A Decade of Sartre's Philosophy*. Foreword by J-P Sartre. Tavistock Publications, 1964.

MURDOCH, IRIS: *Sartre: Romantic Rationalist*. Bowes and Bowes, 1953.

STERN, ALFRED: *Sartre: His Philosophy and Psycho-analysis*. New York Liberal Arts Press, 1953.